모르는 말 찾기 (상황별 여행 Wordbook) 수록

여행영어

편집부 편저

TOMATO
Publishing Company

이 책의 특징

이 책은 영어를 전혀 몰라도 두려움 없이 외국여행을 마음껏 즐길 수 있도록 하기 위해 구성한 여행회화 책입니다. 짧은 영어라도 한두 마디 자신의 의사를 표시하면 마음대로 즐길 수 있는 외국여행이 될 것입니다.

책의 순서는 여행의 순서에 따라 쉽게 참고하며 볼 수 있도록 출발부터 집으로 돌아올 때까지를 8가지 장으로 나누어 배열했습니다. 각 장은 예상되는 몇 가지 상황을 뽑아내어 그 상황에서 요긴하게 쓸 수 있는 간단한 표현 10개를 골라 수록했습니다.

각 장을 여행 순서에 따라 구성했습니다.

외국여행의 출발에서 집으로 돌아오기까지를 순서에 따라 8가지 장으로 나누었습니다. 각 장은 다양한 세부 상황으로 구별해서 각 상황에서 요긴하게 쓸 수 있는 간단한 회화표현 10개를 수록했습니다.

짧은 문장을 이용해서 쉽게 말할 수 있도록 했습니다.

이 책에 수록된 영어 표현은 각 상황에서 요긴하게 쓸 수 있는 것들이며, 특히 간단한 것들만 골라 쉽게 말할 수 있도록 해 두었습니다.

원어민의 발음과 가장 가깝게 우리말 발음을 달았습니다.

바르게 발음하지 않으면 통하지 않습니다. 이 책은 미국식 영어 발음을 원칙으로 원어민의 발음과 가장 가깝게 발음을 달아 두었습니다.

Wordbook으로 모르는 말을 찾아 볼 수 있습니다

한 마디 단어로도 최소한 의사를 전달할 수 있습니다. 이 책의 뒤에 각 상황에서 모르는 말을 찾아 볼 수 있도록 Wordbook을 수록했습니다.

차 례

Chapter 1
기본표현

1. 만났을 때·헤어질 때의 인사 ······ 12
2. 감사·사과할 때와 대답할 때 ······ 14
3. 간단한 질문과 대답 ······ 16
4. 개인신상을 말할 때 ······ 18
5. 사람에 대해 물을 때 ······ 20
6. 장소·사물을 물을 때 ······ 22
7. 수량·정도·방법을 물을 때 ······ 24
8. 선택·이유를 물을 때 ······ 26
9. 다시 말해 달라고 할 때 ······ 28
10. 날씨·계절을 말할 때 ······ 30
11. 시간을 말할 때 ······ 32
12. 예정·계획·희망을 말할 때 ······ 34
13. 부탁·허락을 말할 때 ······ 36

차 례

Chapter 2
출국·기내·입국

입국수속 절차 ·· 38
1. 항공권 예약 ·· 40
2. 탑승수속 ·· 42
3. 기내에서 ·· 44
4. 음식과 서비스 주문 ·· 46
5. 기내에서의 문제 ··· 48
6. 비행기 갈아타기 ··· 50
7. 입국심사·수화물 찾기·세관신고 ···················· 52
8. 환전·여행자수표 ··· 54
9. 관광안내소에서 ··· 56
10. 공항버스·택시 타기 ······································ 58
11. 예약재확인·출국심사 ···································· 60

차 례

Chapter 3
숙박

호텔 관련 용어 — 62
1. 전화로 예약·예약 변경할 때 — 64
2. 체크인할 때 — 66
3. 프론트 데스크에서 — 68
4. 룸서비스 요청할 때 — 70
5. 방에서의 문제 — 72
6. 호텔시설 이용할 때 — 74
7. 체크아웃·체재기간 변경할 때 — 76

Chapter 4
식사

레스토랑 이용하기 — 78
1. 식당 찾기·예약하기 — 80
2. 식당에서 — 82
3. 주문할 때 — 84
4. 패스트푸드·카페테리아에서 — 86
5. 바·나이트클럽에서 — 88
6. 계산할 때 — 90

차 례

Chapter 5
전화·우편

전화 거는 방법 92
1. 공중전화 걸 때 94
2. 국제전화 걸 때 96
3. 우체국에서 98

Chapter 6
교 통

Seat / Cabin Lavatory 100
1. 길 묻기 102
2. 택시 타기 104
3. 버스 타기 106
4. 열차·지하철 타기 108
5. 열차 안에서 110
6. 렌터카 이용하기 112
7. 운전·차의 문제 114

차 례

Chapter 7
관 광

각 지역별 여행 복장		116
1.	관광안내소에서	118
2.	관광지에서	120
3.	미술관·박물관에서	122
4.	극장에서	124
5.	영화관에서	126
6.	사진 찍기와 현지인에게 말걸기	128
7.	경기 관람	130
8.	레저 즐기기	132
9.	골프·스키	134

차 례

Chapter 8
쇼핑

옷·신발 사이즈 비교표 ……………………………… 136
1. 상점·매장 찾기 ………………………………… 138
2. 옷 사기 ………………………………………… 140
3. 화장품 사기 …………………………………… 142
4. 보석·장신구 사기 ……………………………… 144
5. 가죽제품 사기 ………………………………… 146
6. 면세점에서 …………………………………… 148
7. 미용실·이발소에서 …………………………… 150
8. 지불할 때 ……………………………………… 152
9. 반품할 때 ……………………………………… 154

차 례

Chapter 9
문제해결

숫자 읽기(0~90) ································ 156
1. 분실·도난 ································· 158
2. 부상·질병 ································· 160
3. 교통사고 ································· 162

Wordbook
모르는 말 찾기

Wordbook 1. 출국·기내·입국 ················ 165
Wordbook 2. 숙 박 ························· 179
Wordbook 3. 식 사 ························· 191
Wordbook 4. 전화·우편 ···················· 209
Wordbook 5. 교 통 ························· 217
Wordbook 6. 관 광 ························· 233
숫자 읽기(100이상) / 분수·배수 읽기 ······ 254
Wordbook 7. 쇼 핑 ························· 255
Wordbook 8. 문제해결 ····················· 281

Chapter 1

기본표현

1. 만났을 때·헤어질 때의 인사
2. 감사·사과할 때와 대답할 때
3. 간단한 질문과 대답
4. 개인신상을 말할 때
5. 사람에 대해 물을 때
6. 장소·사물을 물을 때
7. 수량·정도·방법을 물을 때
8. 선택·이유를 물을 때
9. 다시 말해 달라고 할 때
10. 날씨·계절을 말할 때
11. 시간을 말할 때
12. 예정·계획·희망을 말할 때
13. 부탁·허락을 말할 때

만났을 때·헤어질 때의 인사

mp3 Chapter01-01

안녕하세요.
Good morning (Good afternoon, Good evening)!
긋 모어-닝 ↘ (그래프터-누운 ↘, 그리브닝 ↘)

처음 뵙겠습니다, 화이트 양.
How do you do, Miss White?
하우 드유두 미스 와잇 ↘

만나서 반갑습니다.
Nice to meet you.
나이스 트 미츄 ↘

건강은 어떠세요?
How are you?
하우 아 유 ↘

여행은 어떻습니까?
How's your trip?
하우저- 유어 츄립 ↘

만나서 정말 좋았습니다.
It was so nice seeing you.
잇 워즈 쏘 나이스 씨잉 유 ↘

저, 이제 가봐야겠어요.
Well, I'd better be going.
웰 아이드 베러비 고잉 ↘

서로 연락합시다.
Let's keep in touch.
레츠 킵-인 터취 ↘

살펴 가세요(안녕).
Take it easy.
테이킷 이-지 ↘

안녕히 가세요(계세요).
Good Bye!
귿 바이 ↘

감사·사과할 때와 대답할 때

정말 고맙습니다.
Thank you very much.
땡큐 베뤼 마취 ↘

정말 감사합니다.
It's very kind of you.
이츠 베뤼 카인더뷰 ↘

그래 주시면 정말 감사하겠습니다.
I'd really appreciate it.
아이드 뤼리 어프리쉬에릿 ↘

어떻게 감사를 드려야 할 지 모르겠어요.
How can I ever thank you?
하우 캔 아이 에버- 땡큐 ↘

천만에요.
You're welcome.
유어- 웨어컴 ↘

정말 미안합니다.
I'm very sorry.
암 베뤼 싸뤼 ↘

폐를 끼쳐 미안합니다.
I'm sorry to trouble you.
아임 싸뤼 트 츄러블 유 ↘

대화 중에 끼어들어 죄송합니다.
Excuse me for interrupting you.
엑스큐스미 퍼 인터럽팅뉴 ↘

용서해 주세요.
Please forgive me.
플리이즈 퍼깁미 ↘

신경 쓰지 마세요.
Never mind.
네버 마인 ↘

간단한 질문과 대답

mp3 Chapter01-03

▢은 어디입니까?
Where is ▢ ?
웨어 리스- ↘

얼마입니까?
How much is it?
하우 머취 이즈잇 ↘

▢ 있어요?
Is(Are) there ▢ ?
이즈(아-) 데어- ↗

▢을 찾고 있는데요.
I'm looking for ▢.
아임 룩킹 퍼- ↘

누구에게 물어보면 됩니까?
Whom should I ask?
훔- 슈다이 애스크 ↘

이것을 영어로 뭐라고 합니까?
What do you call this in English?
왓 드유 커어 디신 잉글리쉬 ↘

네. / 좋아요. / 맞아요. / 네, 그렇게 해주세요.
Yes. / Sure. / Exactly. / Yes, please.
예스 ↘ / 슈어 ↘ / 익잭틀리 ↘ / 예스 플리이즈 ↘

아뇨. / 지금은 됐고요… / 아직입니다.
No. / No, not now… thanks. / Not yet.
노우 ↘ / 노우 낫 나우 땡스 ↘ / 낫 옛 ↘

알겠습니다.
I see.
아이 씨- ↘

알겠습니다. 이제 됐습니다.
I see, that's good enough.
아이 씨- ↘ 대츠 귿 이나프 ↘

 # 개인신상을 말할 때

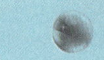

mp3 Chapter01-04

가족은 몇입니까?
How many people are there in your family?
하매니 피이퍼 아- 데어 인 유어 패밀리

형제는 어떻게 됩니까?
How many brothers and sisters do you have?
하매니 브러더즈 앤 씨스터즈 드유햅-

나이를 물어도 되겠습니까?
May I ask how old you are?
매아이 애스크 하우 오울 유 아-

결혼하셨어요?
Are you married?
아- 유 매릿

언제 결혼하셨습니까?
When did you get married?
웬 디쥬 겟 매릿

고향이 어디입니까?
Where are you from?
웨어 아- 류 프람 ↘

한국에서 왔습니다.
I'm from Korea.
암 프럼 커뤼아 ↘

사시는 곳이 어디입니까?
Where do you live?
웨어 드유 립 ↘

주소를 알려 주실 수 있습니까?
Could I have your address?
크다이 해뷰어 애쥬레스 ↗

대학에서 무얼 전공했습니까?
What was your major at college?
왓 워즈 유어- 매이저- 앳 칼리쥐 ↘

사람에 대해 물을 때

mp3 Chapter01-05

누구시죠?(노크 소리를 듣고 물을 때)
Who is it?
후 이짓

누구십니까?(전화를 받았을 때)
Who is speaking?
후-즈 스피킹

저 사람은 누구죠?
Who is that man?
후-즈 댓 맨

누굴 기다리고 있습니까?
Who are you waiting for?
후 아류 웨이딩 풔

어제 누굴 만났어요?
Who did you see yesterday?
후 디쥬 씨 예스터데이

이거 누구 가방입니까?
Whose baggage is this?
후-즈 배기쥐 이즈 디스 ↘

내 것입니다.
It's mine.
이츠 마인 ↘

누가 거기에 갑니까?
Who's going there?
후-즈 고잉 데어 ↘

이 자리 비었습니까?
Is this seat taken?
이즈 디씨-잇 테이큰 ↗

전화 온 게 있습니까?
Who telephoned me?
후 텔러풔운- 미 ↘

장소·사물을 물을 때

mp3 Chapter01-06

Chapter 1 기본표현

제 가방은 어디 있습니까?
Where is my bag?
웨어리즈 마이 백 ↘

여기가 어디입니까?
Where are we?
웨어 아- 위 ↘

그거 어디서 샀어요?
Where did you buy it?
웨어 디쥬 바이 잇 ↘

우리 어디서 만날까요?
Where shall we meet?
웨어 쉘위 미잇 ↘

어디 가고 싶으세요?
Where do you want to go?
웨어 드유 원트 고우 ↘

그것은 무엇입니까?
What is it?
왓 이짓 ↘

이건 무슨 물고기입니까?
What kind of fish is this?
왓 카인덥 퓌쉬 이즈디스 ↘

이건 무엇에 쓰는 겁니까?
What's this for?
와츠 디스 풔- ↘

무얼 찾고 있습니까?
What are you looking for?
왓 아-류 루킹 풔- ↘

간판에 뭐라고 씌어 있습니까?
What does the sign say?
왓 더즈 더 싸인 쎄이 ↘

수량·정도·방법을 물을 때

mp3 Chapter01-07

이거 얼마입니까?(양이 얼마나 됩니까?)
How much is this?
하 머취 이즈디스

세탁료는 얼마입니까?
What's the charge for cleaning?
와츠더 촤지 풔 클리-닝

뉴욕까지 요금은 얼마입니까?
What's the fare to New York?
와츠더 페어 트 뉴-욕-

어떻게 사용하는지 모르겠습니다.
I don't know how to use it.
아이돈 노- 하우트 유-짓

어떻게 고치는지 아십니까?
Do you know how to fix it?
드유 노- 하우트 픽씻

어떻게 거기에 가죠?
How can I get there?
하우 캐나이 겟 데어 ↘

얼마나 멀죠?
How far?
하우 퐈- ↘

얼마나 시간이 걸리죠?
How long?
할 롱- ↘

한달에 몇 번 골프를 치십니까?
How often do you play golf a month?
하 오-픈 드유 플레이 고-프 어먼쓰 ↘

그 강의 폭은 얼마나 됩니까?
How wide is the river?
하 와이드 이즈 더 리버 ↘

선택·이유를 물을 때

커피입니까, 홍차입니까?
Coffee or tea?
커퓌 ↗ 오어 티- ↘

어느 것이 더 비쌉니까, 이겁니까, 저 것입니까?
Which is more expensive, this or that?
위취 이즈 모어 익쓰펜씹 ↘ 디스 ↗ 오어 댓 ↘

어느 것으로 하시겠어요?
Which one?
위취 원- ↘

어느 넥타이가 마음에 드십니까?
Which tie do you like?
위취 타이 드유 라익 ↘

빨간색입니다.
The red one.
더 레드 원 ↘

우체국에 가는 길은 어느 쪽입니까?
Which way is the post office?
위취 웨이 이즈더 포우스트 아퓌스 ↘

어느 버스를 타면 되는지 아세요?
Do you know which bus to take?
드유 노우 위취 버스 트 테익 ↗

어느 쪽이 당신 가방입니까?
Which bag is yours?
위취 백 이즈 유어즈 ↘

어느 쪽이 좋을 것 같습니까?
Which do you think is better?
위취 드유 띵- 이즈 베러 ↘

어느 길로 가면 좋은지 모르겠습니다.
I don't know which way to go.
아이 돈 노- 위취 웨이 트 고- ↘

다시 말해 달라고 할 때

mp3 Chapter01-09

당신 말을 이해할 수 없습니다.
I can't understand you.
아이 캔 안더스탠-듀

다시 한 번 말씀해 주시겠어요?
I beg your pardon?
아이 벡 유어 파든

좀 더 천천히 말해 주세요.
Speak more slowly, please.
스피익 모어- 슬로울리 플리즈

그 단어의 철자가 어떻게 됩니까?
How do you spell the word?
하우 드유 스펠 더 워-드

그건 무슨 뜻입니까?
What do you mean by that?
와류 미인 바이 댓

잠깐만 기다려 주세요.
Just a moment.
쥐스터 모우멘트

이해하지 못하겠어요.
I don't follow you.
아이 돈 팔러우 유

그걸 다시 한 번 말씀해 주세요.
Please say that again.
플리이즈 쎄이 댓 어겐

좀 적어 주세요.
Write it down, please.
롸이릿 다운 플리이즈

그걸 쉬운 말로 다시 좀 말씀해 주세요.
Please say it again in plain language.
플리이즈 쎄이잇 어겐 인 플레인 랭기쥐

날씨·계절을 말할 때

mp3 Chapter01-10

오늘 날씨 정말 좋지요?
It's a nice day today, isn't it?
이쳐- 나이스 데이 트데이 ↘ 이즈닛 ↗

날씨 정말 좋다!
What a beautiful day!
와러 뷰-리플 데이 ↘

요즘 날씨는 변덕이 심해요.
The weather is changeable these days.
더 웨더 이즈 체인저블 디-즈 데이즈 ↗

뉴욕 날씨는 어떻습니까?
What's the weather like in New York?
와츠 더 웨더 라익 인 뉴-욕 ↘

이곳은 눈이 자주 와요.
It often snows here.
잇 어-픈 스노우즈 히어- ↘

오늘 날씨는 어때요?
How's the weather today?
하우스 더 웨더 트데이

정말 덥(춥)군요.
It's terribly hot(cold).
이츠 테르블리 핫(코울드)

일기예보에서 오늘 날씨가 어떻다고 했습니까?
What did the weatherman say today?
왓디드 더 웨더맨 쎄이 트데이

어느 계절을 가장 좋아하십니까?
Which season do you like best?
위취 씨-즌 드유 라익 베스트

지금 몇 도입니까?
What's the temperature now?
와츠 더 템퍼-쳐 나우

시간을 말할 때

mp3 Chapter01-11

지금 몇 시입니까?
What time is it now?
왓타임 이짓 나우

몇 시가 좋겠습니까?
What time do you have in mind?
왓타임 드유햅 인마인

6시 반은 어떻습니까?
How about six thirty?
하바웃 씩스 써리

걸어서 얼마나 걸립니까?
How long will it take to walk over there?
할롱 위릿 테익트 웍 오버데어

걸어서 15분 걸립니다
It takes fifteen mimutes on foot.
잇 테익스 핍틴- 미닛 안풋

시간은 어떻겠어요?
How's the time?
하우즈 더 타임

아침식사 할 시간은 있겠습니까?
Is there time left for breakfast?
이즈데얼 타임 레프트 퍼 브랙풔스트

7시에 올 수 있습니까?
Can you come at seven o'clock?
캐뉴 캄 앳쎄븐 아클락

이제 갈 시간이다.
It's about time to go.
이츠바웃 타임 트 고우

당신 시계는 잘 맞습니까?
Does your watch keep good time?
더즈유어 왓취 키입 귿 타임

예정·계획·희망을 말할 때

mp3 Chapter01-12

다음 주 미국으로 떠날 겁니다.
I'm leaving for the U.S. next week.
아임 리빙 풔더 유-에스 넥스트 위익

내일 뉴욕을 관광할 겁니다.
I'm going to see the sights of New York tomorrow.
아임고너 씨 더싸잇츠업 뉴-욕 트머로-

로스안젤레스에 갈 계획입니다.
I'm planning on going to Los Angeles.
아임 플레닝안 고우잉트 로스앤젤스

시카고에서 얼마나 머물겁니까?
How long do you intend to stay in Chicago?
할롱 드유 인텐트 스떼이 인쉬카고-

내일은 바빠요.
I'll be busy tomorrow.
아일비 비지 트마로-

보스턴 여행계획은 세웠어요?
Did you make up a schedule for the trip to Boston?
디쥬 메이컵 어스케쥴 풔 더츄립트 버-스턴

커피 한 잔 더 주세요.
I'd like another cup of coffee.
아이들라익 어나더 컵 어브 커-퓌

자동차가 필요합니다.
I need a car.
아이 니-더 카

하루 휴가를 내고 싶습니다.
I want to take a day off.
아이 원-트 테이커 데이 업

해외에 정말 가고 싶습니다.
I'm keen to go abroad.
아임 키-인트 고우 어브뤄드

부탁·허락을 말할 때

mp3 Chapter01-13

부탁 하나 들어 주시겠어요?
May I ask a fovor of you?
매아이 애스커 훼이버러브 유 ↗

잠깐만 기다려 줄 수 있으세요?
Do you mind waiting a minute?
드유마인- 웨이딩어 미닛 ↗

시내에서 내려주시겠어요?
Can you drop me off downtown?
캐-뉴 드랍미 옵 다운타운 ↗

전화 해 주시겠어요?
Could you ring me up?
크-쥬 링미업 ↗

센트럴파크에는 어떻게 갑니까?
Could you tell me how to reach Central Park?
크-쥬 텔미 하우트 리-치 쎈츄럴 파-크 ↗

들어가도 되겠습니까?
May I come in?
매아이 커민 ↗

화장실을 사용해도 됩니까?
May I use the bathroom?
매아이 유-즈더 배쓰루움 ↗

펜을 잠깐 빌릴 수 있습니까?
Can I borrow your pen for a minute?
캐나이 발로우 유어펜 풔러미닛 ↗

담배를 피워도 되겠습니까?
Do you mind my smoking?
드유마인 마이 스모킹 ↗

네, 좋습니다.
Yes, of course.
예스 어브코-스 ↘

입국수속 절차

1 ARRIVAL 도착

2 QUARANTINE 검역

한국에서 직접 미국에 입국할 경우에는 예방 접종이 필요하지 않으나, 오염 지역을 통과하여 오는 경우에는 예방접종증명서를 제시합니다.

3 IMMIGRATION 입국심사

입국 심사는 미국 첫 기항지에서 합니다. 탑승기가 공항에 도착하기 전에 기내에서 배부되는 출입국 기록 카드와 세관 신고서를 정확히 기재합니다. 공항 도착 후 여권, 왕복 항공권과 함께 출입국 기록 카드를 입국 심사대에 제출하면 직원은 입국 목적, 체재 기간 등을 물은 후 미국내 최종 체류 기간을 정하여 기재하고 출입국 기록 카드의 반을 잘라 여권에 붙여 줍니다.

4 BAGGAGE CLAIM 짐 찾기

입국 심사가 끝나면 자기가 탑승했던 항공 회사와 비행기 번호가 표시되어 있는 컨베이어 벨트에서 자기가 맡긴 짐을 찾아 세관 카운터로 갑니다.

5 CUSTOMS 세관

신고할 물건이 있으면 세관 신고서를 직원에게 제출합니다.

6 LOBBY 도착로비

마중 나온 사람을 만나고 필요한 돈을 환전합니다.

Chapter 2

출국·기내·입국

1. 항공권 예약
2. 탑승수속
3. 기내에서
4. 음식과 서비스 주문
5. 기내에서의 문제
6. 비행기 갈아타기
7. 입국심사·수화물 찾기·세관신고
8. 환전·여행자수표
9. 관광안내소에서
10. 공항버스·택시 타기
11. 예약재확인·출국심사

항공권 예약

mp3 Chapter02-01

뉴욕행 비행기를 예약을 하고 싶습니다.
I want to make a reservation to New York.
아이 원-트 메익커 뤠져베이션 트 뉴-옥 ↘

언제입니까?
When is it?
웬 이짓 ↘

7월 10일입니다.
July 10th.
쥴라이 텐쓰 ↘

몇 편입니까?
What is the flight No.?
와리즈 더 플라잇 넘버 ↘

몇 시에 체크인해야 합니까?
At what time should I check in?
앳 왓타임 슈라이 췌크인 ↘

뉴욕행 할인항공권 있습니까?
Do you have a discount ticket to New York?
드유- 해버 디스카운 티킷 트 뉴- 욕-

항공사는 어디입니까?
What is the carrier?
와리즈 더 캐리어

논스톱편은 몇 시에 있습니까?
What time do you have nonstop flights?
왓 타임 드유햅 난스탑 플라이츠

요금은 얼마입니까?
What's the fare?
와츠 더 페어

도착시간은 어떻게 됩니까?
What's the arrival time?
와츠디 어롸이버 타임

탑승수속

mp3 Chapter02-02

노스웨스트 카운터는 어디입니까?
Where is Northwest counter?
웨어리즈 노쓰웨스트 카우너 ↘

창쪽 좌석으로 주세요.
A window seat, please.
어 윈도- 씨잇 플리이즈 ↘

탑승은 몇 시에 시작합니까?
What time will we start boarding?
왓 타임 윌위 스타앗 보어링 ↘

몇 번 게이트입니까?
What is the gate number?
와리즈 더 게잇 넘버 ↘

34번 게이트로 가는 길 좀 가르쳐 주세요.
Could you direct me to gate 34?
크쥬 즈렉미 트 게잇 써리풔 ↗

부치실 짐은 있습니까?
Do you have any luggage to check in?
드유 햅 애니 러기쥐 트 췌킨 ↗

화물은 뉴욕으로 바로 보내주세요.
Through to New York, please.
쓰루- 트 뉴-욕 플리이즈 ↘

이것을 기내로 가지고 들어갈 수 있습니까?
Can I take it on the plane?
캐나이 테이킷 안더플레인 ↗

X레이 검사는 하지 말아 주세요.
Please don't X-ray.
플리이즈 돈 에스-레이 ↘

손검사를 해주세요.
Hand check, please.
핸-첵 플리이즈 ↘

기내에서

mp3 Chapter02-03

38C석은 어디입니까?
Seat 38C, please.
씨잇 써-리에잇 씨- 플리이즈 ↘

이 가방을 보관해 주시겠습니까?
May I ask you to keep this bag?
매아이 애스큐 터키입 디스 백 ↗

실례지만 여긴 제자리인데요.
Excuse me, but I'm afraid this is my seat.
익스큐즈미 ↘ 밧 아임 어프뤠이드 디씨즈 마이 씨잇 ↘

이 자리로 옮겨도 됩니까?
May I change to this seat?
매아이 췌인쥐 트 디씨잇 ↗

친구와 같이 앉고 싶습니다.
I'd like to sit together with my friend.
아를 라익트 씻 트게더 윗 마이 프랜- ↘

한국어 잡지를 주시겠습니까?
May I have a Korean magazine?
매아이 해버 커뤼언 매거진 ↗

담요를 한 장 더 주시겠습니까?
Could I have an extra blanket?
크라이 해번 엑스츄뤄 블랭켓 ↗

의자를 뒤로 젖혀도 되겠습니까?
Would you mind if I lean back?
으쥬마인- 이파이 리인 백 ↗

지금 어디를 날고 있습니까?
Where are we now?
웨어러- 위 나우 ↘

한국어를 할 줄 아는 분을 불러 주십시오.
Please get someone who can speak Korean.
플리이즈 겟 썸원 후캔 스피익 커뤼언 ↘

음식과 서비스 주문

mp3 Chapter02-04

생선 요리를 부탁합니다.
I'd like to have a fish dish, please.
아를라익트 해버 퓌쉬 디쉬 플리이즈 ↘

식사는 지금 필요 없습니다.
I don't want to eat now.
아론 워너 이잇 나우 ↘

마실 것 좀 주시겠습니까?
May I have something to drink?
매아이 해브 썸띵터 쥬륑 ↗

이 음료는 얼마입니까?
How much is this drink?
하머취 이즈디스 쥬륑 ↘

무료입니까?
Free of charge?
프뤼 업 촤쥐 ↗

다른 음료를 주시겠습니까?
Could I have another drink?
크라이 해브 어나더- 쥬링 ↗

춥(덥)습니다만.
I'm very cold(hot).
암베뤼 코울(핫) ↘

영화는 언제 상영합니까?
When do you show the movie?
웬 드유 쇼- 더 무-비 ↘

이 비행기에서는 면세품을 팔고 있습니까?
Do you have any tax-free items?
듀 햅 애니 택스 프뤼이 아이럼스 ↗

(입국카드나 세관신고서를 보이며) 이렇게 쓰면 됩니까?
Did I fill out this card, OK?
디라이 퓔라웃 디스 카-드 오케이 ↗

기내에서의 문제

mp3 Chapter02-05

멀미가 납니다(토할 것 같아요).
I'm feeling sick(nauseous).
암 퓔링 씩(너어셔스) ↘

멀미 봉지는 있습니까?
Do you have an air sickness bag?
듀해번 에어- 식니스 백 ↗

(멀미가 나서) 화장실에 데려다 주십시오.
Can you help me to the lavatory?
캐뉴 헤읍미 투더 래버러뤼 ↗

배(머리)가 아픕니다.
I have a stomachache(headache).
아이해버 스터머케익(헤레익) ↘

머리 아픈데 먹는 약 있습니까?
Do you have any medicine for a headache?
듀해브애니 메러슨풔- 헤레익 ↗

어지럽습니다.
I'm dizzy.
암 디지 ↘

가슴이 아픕니다.
I have pain in my chest.
아이햅 페인 인마이 췌스트 ↘

헤드폰이 고장입니다.
The headphones don't work.
더 헷포운스 돈 워억 ↘

좌석이 움직이지 않습니다.
My seat doesn't work.
마이 씨잇 더즌 워억 ↘

이 비행기에 의사는 안 계십니까?
Is there a doctor on the plane?
이즈 데어러 닥터- 온더 플레인 ↗

비행기 갈아타기

mp3 Chapter02-06

이 공항에서 얼마동안 머뭅니까?
How long is the stopover at this airport?
할롱 이즈더 스탑오버- 앳디스 에어-포엇 ↘

기내에 남아 있어도 됩니까?
May I remain on the airplane?
매아이 뤼매인 온디 에어-플레인 ↗

이 공항에 면세점이 있습니까?
Are there duty free shops in this airport?
아-데어- 듀리프뤼 샵스 인디스 에어-포엇 ↗

탑승은 몇 시부터입니까?
What time does boarding begin?
왓타임 더즈 보어-링 비긴 ↘

탑승구는 몇 번입니까?
From which gate do I board?
프럼휘치 게잇 드아이 보어-드 ↘

유나이티드 항공의 환승 카운터는 어디입니까?
Where is the United Airlines transit counter?

웨어 리즈더 유나이릿 에어얼라인즈 츄랜싯 캬우너- ↘

환승 탑승수속은 어디에서 합니까?
Where is the counter for making transfers?

웨어 리즈 더 캬우너- 풔- 메이킹 츄랜스풔-즈 ↘

환승편 예약을 변경하고 싶은데요.
I'd like to change my reservation.

아를라이크트 췌인쥐 마이 뤠저-베이션 ↘

다른 항공편을 알아봐 주세요.
Please check another flight for me.

플리이즈 첵 어나더- 플라잇 풔-미 ↘

호텔 예약을 부탁해도 되겠습니까?
May I ask you to make a hotel reservation?

매아이 애스큐 트 메이커 호테어 뤠저-베이션 ↗

입국심사·수화물 찾기·세관신고

mp3 Chapter02-07

여행 목적은 관광입니다.
I'm here for sightseeing.
아임 히어 풔- 싸잇씨잉

1개월 체재할 예정입니다.
I'll stay for one month.
아어 스떼이 풔- 완 먼쓰

힐튼 호텔에 묵을 예정입니다.
I'll stay at the Hilton Hotel.
아어 스떼이 앳더 히어튼 호테어

수화물은 어디에서 찾습니까?
Where can I get my baggage?
웨어 캐나이 겟 마이 배기쥐

제 짐이 도착하지 않았습니다.
My baggage hasn't arrived here.
마이 베기쥐 해즌 어롸이브드 히어

검정색 샘소나이트 가방을 찾아 주세요.
Please look for a black Samsonite suitcase.
플리이즈 룩풔- 블랙 샘서나잇 숫케이스 ↘

특별히 신고할 것은 없습니다.
I don't have anything to declare.
아론 해브 애니띵터 디클레어- ↘

이것은 신고할 필요가 있습니까?
Is it necessary to declare this item?
이짓 네써뤼터 디클레어- 디스 아이럼 ↗

관세를 지불해야 합니까?
Do I have to pay duty?
드아이 햅터 페이 듀리 ↗

미안하지만, 이해할 수 없습니다.
Pardon me, I don't understand.
파-른 미 ↘ 아론 언더스탠 ↘

환전·여행자수표

mp3 Chapter02-08

환전은 어디서 할 수 있습니까?
Where can I change money?
웨어 캐나이 췌인지 머니 ↘

환전을 부탁합니다.
Change, please!
체인쥐 플리이즈 ↘

이 한국 원화를 미국 달러로 바꿔 주십시오.
Would you change this won to US dollars?
으쥬 췌인쥐 디스 원 트 유에스 달러-즈 ↗

환율은 얼마입니까?
What is the exchange rate today?
와리즈 더 익스췌인쥐 뤠잇 트데이 ↘

잔돈으로 바꿔 주세요.
Small change, please.
스모어 췌인쥐 플리이즈 ↘

잔돈을 섞어 주십시오.
I want some small change, too.
아이 원 썸 스모어 췌인쥐 투

이 여행자수표를 현금으로 바꿔 주십시오.
Please cash these traveler's checks.
플리이즈 캐쉬 디-즈 츄래블러-즈 첵스

수수료가 얼마죠?
What is the commission?
와리즈더 커미션

일요일에도 여는 은행이 있습니까?
Is there any bank open on Sundays?
이즈 데어 애니 뱅크 오우픈 안 썬데이즈

계산이 잘못된 것 같은데요.
I don't think the calculation is correct.
아론 띵크 더 캐어큘레이션 이즈 키렉

관광안내소에서

mp3 Chapter02-09

관광안내소는 어디입니까?
Where is the tourist office?
웨어 리즈더 투어뤼스트 아퓌스 ↘

관광지도(호텔 리스트)를 주십시오.
May I have a tourist map(hotel list)?
매아이 해버 투어뤼스트 맵(호터얼 리스트) ↗

대중교통 노선 지도 있습니까?
Do you have a route map of public transportation?
드유 해버 루웃맵 업 퍼블릭 츄랜스퍼-테이션 ↗

시내 중심가로 어떻게 갑니까?
How can I get to city center?
하 캔나이 겟트 씨리 쎈너 ↘

이 지도에 표시해 주시겠어요?
Would you check the place on this map?
으쥬 첵더 플레이스 안디스 맵 ↗

렌터카 회사의 카운터는 어디입니까?
Where are the car rental counter?
웨어뤄-더 카-뤠너 카우너 ↘

여기에서 호텔 예약을 할 수 있습니까?
May I make a reservation for a hotel here?
매아이 메이커 뤠저-베이션 풔-호테어 히어- ↗

그 호텔은 어디에 있습니까?
Where is the hotel?
웨어뤼즈 더 호테어 ↘

더 싼 호텔은 없습니까?
Is there a less expensive hotel?
이즈 데어러 레쓰 익스펜씨브 호테어 ↗

시내에 유스호스텔은 없습니까?
Is there a youth hostel in this city?
이즈 데어러 유쓰 하스터 인디스 씨리 ↗

 # 공항버스·택시 타기

mp3 Chapter02-10

시내로 가는 대중교통이 있습니까?
Is there public transportation to city center?
이즈데어 퍼블릭 츄렌스퍼-테이션 트 씨리 쎈너 ↗

힐튼 호텔에 갑니까?
To Hilton Hotel?
투 히일튼 호테어 ↗

힐튼 호텔 근처에 섭니까?
Stop near Hilton Hotel?
스탑 니어 히일튼 호테어 ↗

15분마다 버스가 있습니다.
There is a bus every 15 minutes.
데어 리즈어 버스 에브뤼 핍틴- 미니츠 ↘

시내로 가는 버스 정류장은 어디입니까?
Where is the bus stop to city center?
웨어 리즈 더 버스 스탑 트 씨리 쎈너 ↘

요금은 얼마입니까?
What's the fare?
왓츠 더 페어 ↘

표는 어디서 삽니까?
Where can I buy the ticket?
웨어 캐나이 바이더 티킷 ↘

힐튼 호텔에 도착하면 알려 주시겠어요?
Will you tell me when we get to Hilton Hotel?
윌류 테얼미 웬 위 겟트 히일튼 호테어 ↗

힐튼 호텔과 가장 가까운 정류장은 어디입니까?
Which stop is the nearest to Hilton Hotel?
위치 스타피즈 더 니어리스트 트 히일튼 호테어 ↘

(택시에서 지도를 보이며) 이곳으로 가주세요.
To this place, please.
투 디스 플레이스 플리이즈 ↘

예약재확인·출국심사

mp3 Chapter02-11

예약 재확인을 부탁합니다.
I'd like to confirm my reservation.
아를라익터 컨풔엄 마이 뤠저-베이션

비행편을 변경하고 싶습니다.
I'd like to change my flight.
아를라익터 췌인쥐 마이 플라잇

무슨 방법이 없겠습니까?
Is there some way you can help me?
이즈데얼 -썸웨이 유컨 헤웁 미

좀더 빠른 편에 좌석은 없습니까?
Are there any seats for an earlier flight?
아-데어- 애니 씨잇츠 풔언 얼리어- 플라잇

탑승까지 얼마나 시간이 있습니까?
How long will it take before we board?
할롱 윌릿 테익 비풔- 위 보어-드

출발시간을 확인해 두고 싶습니다.
I'd like to confirm the departure time.
아를라익터 컨퓌엄 더 디파-춰- 타임 ↘

서울행 832편의 탑승구는 몇 번입니까?
What's the gate number for flight 832 to Seoul?
와츠더 게잇 넘버- 풔- 플라잇 에잇뜨뤼튜 투 써우어 ↘

출국카드는 어디서 받습니까?
Where can I get a departure permit?
웨어-캐나이 게러 디파-춰- 풔엄 ↘

가지고 있는 돈은 300달러입니다.
I have 300 dollars with me.
아이 해브 뜨뤼헌즈륏 달러-즈 위드 미 ↘

면세조치 서류를 가지고 있습니다.
I have the paper for tax exemption.
아이해브 더 페이퍼- 풔- 택스 이그젬션 ↘

호텔 관련 용어

Check In**(체크인)**... 호텔 투숙의 절차. 보통 예약 확인, 숙박카드 작성, 객실료 지불, 방열쇠 받기 등의 과정을 말한다.

Check Out**(체크아웃)**... 호텔 퇴숙의 절차. 보통 전화요금, 식사비, 세탁 요금 등을 정산한다.

Hotel Voucher**(호텔 바우처)**...호텔 숙박권. 호텔과 호텔 예약시스템을 운영하고 있는 여행사의 계약을 통해 고객이 호텔 체크인시 여행사가 발급한 호텔 바우처만으로 투숙이 가능하도록 한 것.

Confirm Sheet**(컨펌 쉬트)**... 호텔 예약이 확정되었음을 나타내는 예약확인서. voucher가 동일한 기능을 하기도 한다.

Continental Breakfast**(컨티넨틀 블렉퍼스트)**... 유럽식 간단한 아침식사. 커피 또는 우유와 빵, 치즈.

American Breakfast**(어메리칸 블렉퍼스트)**... 미국식 아침식사. 유럽식에 스크램블 에그 및 베이컨 등이 추가.

Single Room**(싱글 루움)**... 1인실로 싱글베드가 하나 있는 방.

Double Room**(더블 루움)**...2인실로 더블베드가 하나 있는 방.

Twin Room**(트윈 루움)**...2인실로 싱글베드가 두 개 있는 방.

Triple Room**(츄리플 루움)**... 2인실에 보조침대(extra bed)를 추가하여 3인이 사용할 수 있도록 한 방.

Suite Room**(스윗- 루움)**... 침실+거실이 있는 방.

Connecting Room**(커넥팅 루움)**... 복도를 통하지 않고도 방과 방 사이에 있는 문을 통해 연결되어 있는 방.

Morning Call**(모어닝 커얼)**... 손님이 요구한 시간에 맞춰 전화로 손님을 깨워주는 서비스.

Safety Box**(쎄이프티 박스)**... 프론트에 마련되어 있는 것으로 현금이나 귀중품 등을 외출시에 맡길 수 있으며 방번호와 이름만 알려 주면 무료로 사용할 수 있다.

Chapter 3

숙박

1. 전화로 예약·예약 변경할 때
2. 체크인할 때
3. 프론트 데스크에서
4. 룸서비스 요청할 때
5. 방에서의 문제
6. 호텔시설 이용할 때
7. 체크아웃·체재기간 변경할 때

전화로 예약·예약 변경할 때

mp3 Chapter03-01

여보세요. 김입니다.
Hello. This is Mr. Kim speaking.
헬로우 ↘ 디씨즈 미스터 킴 스피이킹 ↘

예약을 하고 싶습니다.
I'd like to make a reservation.
아를라익트 메이커 뤠져-베이션 ↘

오늘밤 2인실 있습니까?
Do you have a twin room tonight?
드유 해버 트윈루움 트나잇 ↗

8월 5일부터 4박입니다.
Four nights from August 5th.
풔어 나이츠 프람 어-거스트 핍쓰 ↘

하룻밤 얼마입니까?
How much is it per night?
하머취 이짓 퍼 나잇 ↘

예약을 변경하고 싶습니다.
I'd like to change my reservation.
아를라익트 췌인쥐 마이 뤠저-베이션 ↘

7월 3일이 아니라 7월 10일로 되겠습니까?
Not the 3rd of July, but the 10th of July, OK?
낫더 떠드옵 쥴라이 밧 더 텐쓰옵 쥴라이 ↘ 오우케이 ↗

3일 더 연장하고 싶은데요.
I'd like to stay 3 more nights.
아를라익트 스떼이 뜨뤼이 모어 나이츠 ↘

예약을 취소하고 싶습니다.
I'd like to cancel my reservation.
아를라익트 캔써어 마이 뤠저-베이션 ↘

1시간 뒤에 가겠습니다.
I'll be there 1 hour later.
아일비 데어 원 아우어 레이러 ↘-

체크인할 때

mp3 Chapter03-02

체크인을 부탁합니다.
I'd like to check in.
아륻라익터 췌킨

한국에서 예약을 했습니다.
I made a reservation from Korea.
아이 메이러 뤠저-베이션 프람 커뤼어

아침식사는 몇 시부터 어디서 먹습니까?
From what time and where can I have breakfast?
프람 왓 타임 앤 웨어 캐나이 햅 브렉풔스트

체크아웃은 몇 시입니까?
When is the check out time?
웨니즈 더 췌카웃 타임

짐은 제가 나르겠습니다.
I'll carry my baggage by myself.
아얼 캐뤼 마이 베기쥐 바이 마이셀프

예약은 하지 않았습니다.
I didn't make a reservation.
아이 디든 메이커 뤠저-베이션 ↘

2인실 있습니까?
Do you have a double available?
듀 해버 더버 어베일러버 ↗

방을 볼 수 있습니까?
May I see the room?
매아이 씨- 더루움 ↗

욕조(샤워)는 있습니까?
Is a bath(shower) available?
이저 배쓰(쇠우어-) 어베일러버 ↗

더 싼 방은 없습니까?
Is a less expensive room available?
이절 레스 익스펜시브 루움 어베일러버 ↗

프론트 데스크에서

mp3 Chapter03-03

가방을 방까지 운반해 주시겠습니까?
Could you bring these bags to my room?
크쥬 브링 디-즈 백스 터 마이 루움 ↗

1016호실 열쇠 주세요.
The key please, room 1016.
더 키이 플리이즈 ↘ 루움 텐씩스티인 ↘

저녁까지 이 가방을 맡아 주세요.
Please keep my baggage till this evening.
플리이즈 키입 마이 베기쥐 티일 디스 이-브닝 ↘

귀중품을 맡기고 싶습니다.
I'd like to ask you to keep my valuables.
아를 아익터 애스큐 터 키입 마이 밸류어버즈 ↘

세탁 서비스는 있습니까?
Do you have laundry service?
듀 햅 런쥬뤼 써-비스 ↗

방 청소를 부탁합니다.
I'd like to ask you to clean up my room.
아를라익터 애스큐 터 클리이넙 마이 루움

오후 1시에 택시를 불러 주시겠어요?
Could you get a taxi for me at one p.m.?
크쥬 게러 택씨 풔- 미 앳 원 피엠

내선전화 거는 법을 가르쳐 주십시오.
Please tell me how to use an extension phone.
플리이즈 테어미 하르 유전 익스텐션 풔운

연극표를 사 주실 수 있습니까?
Can I ask you to get tickets for plays?
캐나이 애스큐 터 겟 티키츠 풔- 플레이즈

이 편지를 항공편으로 부쳐 주시겠어요?
Could you mail this letter for me by air?
크쥬 메일 디스 레러- 풔-미 바이 에어-

룸서비스 요청할 때

mp3 Chapter03-04

1016호실입니다. 룸서비스 부탁합니다.
This is room 1016. Room service, please.
디씨즈 루움 텐씩스티인 ↗ 루움 써-비스 플리이즈 ↘

뭘 좀 주문하고 싶습니다.
I'd like to order something.
아를 아익터 오-러 썸씽 ↘

버드와이저 2병 부탁합니다.
Please bring us two Buds.
플리이즈 브링 어스 투 버-즈 ↘

샌트위치 하나하고 콜라 2개 부탁합니다.
I'd like a sandwich and two cokes.
아를라이커 쌘-드위취 앤 투 코욱스 ↘

7시에 갖다 주세요.
Please bring them at 7 o'clock.
플리이즈 브링뎀 앳 쎄븐 아클락 ↘

내일 아침 6시에 깨워주세요.
Wake me up at 6 o'clock tomorrow morning.
웨익미업 앳 씩스 어클락 터마로우 모어-닝

이 양복을 빨아서 다려주세요.
I'd like to get this suit cleaned and pressed.
아를 라익터 겟 디수웃 클리인드 앤 프레쓰드

빨리 좀 부탁합니다.
I want to get this as soon as possible.
아이 워운트 겟 디스 애 쑤내즈 파써버

오늘 저녁까진 배달이 되겠습니까?
Can you deliver them by this evening?
캐뉴 딜리버 뎀 바이 디스 이-브닝

요금은 얼마입니까?
How much is the charge?
하머취 이즈더 촤-쥐

방에서의 문제

mp3 Chapter03-05

열쇠를 방안에 두었습니다.
I'm sorry, I left the key in my room.
암 쎄뤼 아일 레프트 더 키이 인 마이 루움

문을 열어 주시겠습니까?
Could you open my room?
크쥬 어펀 마이 루움

시트가 더러운 것 같습니다.
I'm afraid the sheets are not clean.
아머프뤠잇 더 쉬이츠 아- 낫 클리인

냉장고가 열리지 않는데 어떻게 하면 좋습니까?
I can't open the refrigerator. What shall I do?
아이 캔 어펀 더 뤼프뤼줘뤠이러- 왓 쇄라이 두

더운 물이 나오지 않습니다.
I can't get hot water.
아이 캔 겟 핫 워러-

방이 너무 춥(덥)습니다.
It's too cold(hot).
잇츠 투 코울(핫)

침대등이 켜지지 않습니다.
The side-lamp doesn't turn on.
더 싸잇 램프 더즌 터언언

욕실에 샴푸가 없습니다.
There is no shampoo in the bath room.
데-즈 노우 쌤푸우 인 더 배쓰루움

창문을 열 수 있습니까?
Can I open the window?
캐나이 어펀 더 윈도우

방을 바꿀 수 있습니까?
Could I change my room?
크라이 췌인쥐 마이 룸

호텔시설 이용할 때

mp3 Chapter03-06

호텔 내에는 어떤 시설이 있습니까?
What kind of facilities are there in the hotel?
왓 카이너 풔썰러리즈 아- 데어- 인 더 호테어 ↘

비상구는 어디 있습니까?
Where is the fire exit?
웨어- 이즈 더 퐈이어- 엑짓 ↘

음료 자동판매기는 있습니까?
Are there any vending machines for soft drinks?
아- 데어- 애니 벤딩 머쉰즈 풔- 소프트 쥬륑스 ↗

호텔 내에 기념품을 파는 가게는 있습니까?
Is there a souvenir shop in the hotel?
이즈 데어뤄 수버니어- 샵 인 더 호테어 ↗

투숙객은 수영장을 무료로 이용할 수 있습니까?
Do the guests swim in the pool without charge?
두 더 게스츠 스윔 인더 푸어 위다웃 촤-쥐 ↗

Chapter 3 숙박

테니스 코트를 이용할 수 있습니까?
Can I use the tennis court?
캐나이 유즈 더 테니스 코엇 ↗

호텔 내에 미용실이 있습니까?
Is there a hair salon in the hotel?
이즈 데어뤄 헤어-썰란 인더 호테어 ↗

미용실 예약을 하고 싶습니다.
I'd like to make a reservation for the hair salon.
아를 라익터 메이커 뤠저-베이션 풔-더 헤어-썰란 ↘

맨윗층 레스토랑에 어떻게 가는지 가르쳐 주세요.
Tell me how to get to the restaurant on the top floor.
테어미 하르 겟터 더 뤠스터런 안더 탑 플로어- ↘

이 엘리베이터는 35층에 섭니까?
Does this elevator stop at the 35th floor?
더즈 디스 엘러베이러- 스탑 앳더 떠-리 핍쓰 플로어- ↗

체크아웃·체재기간 변경할 때

체크 아웃을 부탁합니다.
Check out, please.
췌카웃 플리이즈

체크 아웃은 몇 시까지입니까?
What's the check-out time?
와츠 더 췌카웃 타임

영수증을 주십시오.
Please give me a receipt.
플리이즈 기미어 뤼씨잇

지불을 마스터카드로 할 수 있습니까?
Can I use the Master credit card?
캐나이 유즈 더 매스터 크레딧 카-드

명세를 확인해 봐도 되겠습니까?
Can I see the bill, please?
캐나이 씨이 더 비어 플리이즈

이 가방을 택시까지 운반해 주시겠습니까?
Could you bring my bags to the taxi?
크쥬 브링 마이 백스 터 더 택씨 ↗

체재를 이틀 연장하고 싶습니다.
I'd like to stay two more nights, please.
아를 라익터 스떼이 투 모어- 나이츠 플리즈 ↘

하룻밤 더 묵을 수 있습니까?
Can I stay one more night?
캐나이 스떼이 원 모어- 나잇 ↗

내일 아침 6시에 떠나겠습니다.
I'll leave at 6 tomorrow morning.
아일 리이브 앳 씩스 터머로우 모어닝 ↘

오전 10시에 택시를 불러 주십시오.
Please get a taxi for me at ten a.m.
플리즈 게러 택씨 풔-미 앳 텐 에이 앰 ↘

레스토랑 이용하기

1 예약

대중 레스토랑인 경우 예약은 필요없다. 고급 레스토랑은 호텔 프론트에서 예약을 부탁하거나 직접 레스토랑으로 전화해서 예약한다. 고급 레스토랑에 갈 때는 정장을 입는 것이 좋다.

2 레스토랑 입구에서 대기

예약을 했다 하더라고 입구에서 웨이터의 안내를 받아 테이블에 앉는 것이 예의. 코트나 큰 가방은 임시보관소(clock room)에 맡기고 표를 받아 둔다. 맡겼던 가방을 찾을 때는 팁을 준다.

3 테이블로 안내 받는다

4 음식을 주문한다

테이블 담당 웨이터가 메뉴판을 가져오면 그것을 보고 주문한다. 아무 웨이터에게 주문하는 것은 실례. 주문은 충분히 생각하고 정하면 된다. 무엇을 먹을 지 모를 경우에는 웨이터에게 추천요리를 물어 본다.

5 식사를 한다

나이프와 포크는 바깥에 있는 것부터 사용하고 생선은 한쪽을 먹은 다음 뼈를 발라내고 뒤쪽을 먹는다.

6 계산서를 부탁한다

손을 들어 웨이터를 부르고 계산서를 갖다 달라고 한다.

7 계산한다

웨이터에게 계산할 때는 접시 위에 팁을 얹어 주는 것이 관습이고 계산대에서 계산할 경우 팁이 포함되어 있지 않을 때는 팁을 테이블 위에 놓고 계산서를 가지고 계산대로 가서 계산을 한다. 신용카드로 계산을 할 때는 계산서에 서명을 하고 팁을 써 넣으면 된다.

Chapter 4

식 사

1. 식당 찾기·예약하기
2. 식당에서
3. 주문할 때
4. 패스트푸드·카페테리아에서
5. 바·나이트클럽에서
6. 계산할 때

식당 찾기·예약하기

음식 잘하는 식당 있습니까?
Is there a good restaurant?
이즈 데어뤄 긋 뤠스터런 ↗

거기 가보신 적이 있어요?
Have you been there?
해-뷰 비인 데어 ↗

맛있게 합니까?
Good taste?
긋- 테이스트 ↗

근처에 한국식당은 있습니까?
Is there a Korean restaurant close by?
이즈 데어뤄 커뤼언 뤠스터런 클로우즈 바이 ↗

해산물 요리를 먹고 싶습니다.
I'd like to have seafood.
아를라익터 햅 씨이프웃 ↘

당신이 추천하는 식당은 어디입니까?
Which restaurant do you recommend?
위취 뤠스터런 듀 뤠커멘

그다지 비싸지 않은 식당을 찾고 있습니다.
I'd like to go to an inexpensive restaurant.
아를라익터 고우르 언 이닉스펜십 뤠스터런

몇 시까지 영업합니까?
What time do they close?
왓 타임 드 데이 클로우즈

예약이 필요합니까?
Do I need a reservation?
드 아이 니이러 뤠저-베이션

7시에 예약을 부탁합니다.
I'd like to make a reservation for 7 o'clock.
아를라익터 메이커 뤠저-베이션 풔- 쎄븐 어클락

식당에서

mp3 Chapter04-02

8시에 예약을 했습니다. 김민수입니다.
I have a reservation at 8. Min-soo Kim.
아이 해버 뤠저-베이션 앳 에잇 ↘ 민수 김 ↘

예약을 하지 않았습니다만, 빈 자리가 있습니까?
I didn't make a reservation. Can I get a seat?
아리른 메이커 뤠저-베이션 ↘ 캐나이 게러 씨잇 ↗

창가의 테이블을 부탁합니다.
I'd like to sit by the window.
아를 라익터 씻 바이더 윈도- ↘

5인석 있습니까?
Table for five?
테이버풔 퐈입 ↗

금연석으로 부탁합니다.
Non-smoking section, please.
난 스모우킹 쎅션 플리이즈 ↘

얼마나 기다려야 합니까?
How long is the wait?
할롱 이즈 더 웨잇 ↘

조용한 자리가 좋습니다.
Some place quiet.
썸 플레이스 콰이엇 ↘

미안하지만 자리가 마음에 안 듭니다.
I'm sorry, but we don't like this seat.
아임 쌔뤼 ↘ 밧 위돈 라익 디씨잇 ↘

저기로 옮길 수 있습니까?
Can we move over there?
캐뉘 무웁 오버데어 ↗

지배인과 이야기 할 수 있습니까?
Can I talk with your manager?
캐나이 터억윗 유어 매니줘- ↗

주문할 때

mp3 Chapter04-03

메뉴를 부탁합니다.
Menu, please.
메뉴 플리이즈 ↘

잠깐만 기다려 주세요.
Just a moment, please.
져스터 모-먼 플리이즈 ↘

주문을 받아 주시겠어요?
Will you take our order?
위류 테익 아우어 오-러 ↗

오늘의 수프는 무엇입니까?
What is today's soup?
와리즈 트데이즈 스웁 ↘

와인을 잔으로 주문할 수 있습니까?
May I order wine by the glass?
매아이 오-러 와인 바이더 글래스 ↗

이것과 이것을 먹겠습니다.
I'll have this and this.
아어햅 디스 앤 디스

이건 주문하지 않았습니다.
This is not my order.
디씨즈 낫 마이 오-러

됐습니다.
No, thank you.
노- 땡큐

저것과 같은 걸로 주세요.
Give me same dish as that.
김미 쎄임 디쉬 애즈 댓

정식을 주십시오.
The table d'hote, please.
더 타이버 도웃 플리이즈

패스트푸드·카페테리아에서

이 자리에 앉아도 됩니까?
Can I take this seat?
캐나이 테익 디 씨잇 ↗

어디에서 주문합니까?
Where do I order?
웨어- 드 아이 오어-러- ↘

음료는 무엇이 있습니까?
What kind of drinks do you have?
왓 카인덥 쥬링스 듀 햅 ↘

뭘 좀 먹을 수 있습니까?
Can I have something to eat?
캐나이 햅 썸씽트 이잇 ↗

사가지고 갈 겁니다.
Takeout, please.
테이카웃 플리이즈 ↘

셀프 서비스입니까?
Is this a self service restaurant?
이즈 디서 쎄업 써-비스 뤠스터런 ↗

나이프와 포크는 어디에 있습니까?
Where are the knives and forks?
웨어뤄-더 나이브전 풔-억스 ↘

돈을 먼저 내야 합니까?
Do we pay in advance?
드위 페이 이너드밴스 ↗

햄버거와 콜라 주세요
Hamburger and Cola.
햄버-거- 앤 코울러 ↘

겨자는 넣지 마세요.
No mustard, please.
노우 머스터-드 플리이즈 ↘

바·나이트클럽에서

mp3 Chapter04-05

이 테이블 비었습니까?
Is this table taken?
이즈 디스 테이버 테이큰 ↗

카운터가 좋습니다.
Counter is fine.
캬우너- 이즈 퐈인 ↘

위스키는 어떤 것이 있습니까?
What kind of whisky do you have?
왓 카이넙 위스키 듀- 해브 ↘

스카치에 물을 섞어 주십시오.
Scotch with water, please.
스캇취 위드 워러- 플리이즈 ↘

한 잔 더 주십시오.
Another glass, please.
어나더- 글래스 플리이즈 ↘

먹을 게 좀 있습니까?
Do you have anything to eat?
듀 해브 애니띵 터 이잇 ↗

치즈를 좀 주십시오.
I'd like to some cheese, please.
아를라익터 썸 취이즈 플리이즈 ↘

오늘 밤 무슨 쇼를 합니까?
What kind of show is on tonight?
왓 카이넙 쇼우 이존 트나잇 ↘

쇼는 몇 시에 시작됩니까?
What time does the show start?
왓 타임 더즈 더 쇼우 스타앗 ↘

쇼에 요금이 포함됩니까?
Does the cost include the show?
더즈 더 커스트 인클루웃 더 쇼우 ↗

계산할 때

계산서 부탁합니다.
Check, please.
첵 플리이즈 ↘

어디서 계산합니까?
Where do I pay the bill?
웨어 드아이 페이더 비어 ↘

출납계는 어디 있습니까?
Where is the cashier?
웨어뤼즈 더 캐쉬어- ↘

각자 계산하고 싶습니다.
We want to pay separately.
위 워너 페이 쎄퍼럿리 ↘

제가 지불하겠습니다.
I'll pay.
아어 페이 ↘

봉사료가 포함되어 있습니까?
Is the service charge included?
이즈 더 써-비스 촤-쥐 인클루릿 ↗

세금은 포함되어 있습니까?
Is tax included?
이즈 택스 인클루릿 ↗

전부 얼마입니까?
How much is the total?
하머취 이즈 더 토러어 ↘

현금으로 지불하고 싶습니다.
I'd like to pay in cash.
아를라익터 페이 인 캐쉬 ↘

신용카드(여행자 수표)를 사용할 수 있습니까?
Can I use a credit card(traveler's check)?
캐나이 유저 크뤠릿 카-드 (츄래블러-즈 첵) ↗

전화 거는 방법

시내전화(local calls) 걸 때... 공중전화로 시내 전화를 걸 때는 먼저 수화기를 들고 신호음이 들리면 기본요금을 투입구(slot)에 넣고 번호를 누른다.

시외전화(long-distance calls)를 걸 때... 공중전화로 시외로 전화를 걸 때는 동전을 많이 준비해 둔다. 넣은 동전은 반환되지 않는 점에 주의. 보통 기본요금→1(또는 0)→시외국번→시내국번→교환의 요금 안내→요금투입의 경우인 많다.

국제전화(international calls)를 걸 때

직통 전화를 걸 때... 교환을 통하지 않고 국제전화를 걸 때는 호텔의 외선번호, 체재국의 국제전화 식별번호, 한국의 국가번호, 시외국번(첫자리 0은 생략), 시내번호순으로 걸면 바로 상대방이 나온다(아래는 미국에서 서울 (02) 123-4567으로 전화하는 경우를 예로 든 것).

호텔의 외선번호 (8 또는 9인 경우가 많다)	→	국제전화 식별 번호 (011)		한국의 국가 번호 (82)
				↓
		시내국번 (123-4567)	←	시외국번 (첫자리 0을 빼면 서울은 2)

교환을 통해 걸 때

호텔의 외선번호 → 0 → 교환이 나온다

A and C West Operator.

Chapter 5

전화·우편

1. 공중전화 걸 때
2. 국제전화 걸 때
3. 우체국에서

공중전화 걸 때

mp3 Chapter05-01

공중전화는 어디에 있습니까?
Where is the telephone?
웨어 뤼즈더 텔러풔운

전화를 어떻게 걸지요?
How can I use it?
하캐나이 유-짓

전화번호부는 있습니까?
Is there a telephone directory?
이즈 데어뤄 텔러풔운 디렉터뤼

얼마를 넣어야 합니까?
How much shall I put in?
하 머취 쉘라이 푸린

돈을 먼저 넣어야 합니까?
Shall I put a coin in first?
쉘라이 푸러 코이닌 풔-스트

스미스 씨를 부탁합니다.
May I speak to Mr. Smith?
매아이 스피익터 미스터 스미-쓰 ↗

578호실의 이 선생님을 부탁합니다.
I'd like to talk to Ms. Lee, room 578.
아를라익터 톡터 미즈 리- 루움 퐈입, 쎄븐, 에잇 ↘

이 선생님께 전언을 남길 수 있습니까?
Can I leave a message for Ms. Lee?
캐나이 리이버 메씨쥐 풔- 미즈 리- ↗

나중에 다시 걸겠습니다.
I'll call him later. Thank you.
아일 커어힘 레이러 ↘ 땡큐 ↘

한국말 하시는 분 안 계십니까?
Is there anyone who can speak Korean?
이즈데얼 애니원 후 캔 스피익 커뤼언 ↗

국제전화 걸 때

mp3 Chapter05-02

이 전화로 국제전화를 걸 수 있습니까?
Can I make an international call on this phone?
캐나이 메이컨 이너-내셔너어 커어 안 디스 풔운 ↗

한국으로 국제전화를 부탁합니다.
Overseas call to Korea, please.
오우버-씨이즈 커어 트 커뤼어 플리이즈 ↘

콜렉트 콜로 한국에 전화 걸고 싶습니다.
I'd like to make a collect call to Korea.
아를라익터 메이커 컬렉 커어 터 커뤼어 ↘

서울에 번호통화를 부탁합니다.
I'd like operator assistance to call Seoul.
아를 라익 아퍼뤠이러- 어씨스턴스 터 커어 써우어 ↘

번호는 234-5678입니다.
The number is 234-5678.
더 넘버- 리즈 튜, 뜨뤼이, 풔어-, 퐈입, 씩스, 쎄븐, 에잇 ↘

지명통화로 부탁합니다.
I'd like to call person to person.
아를라익터 커어 퍼-슨 터 퍼-슨 ↘

콜렉트 콜로 서울 02-234-5678을 불러 주십시오.
Collect call to Seoul 02-234-5678, please.
컬렉 커어 투 써우어 오우, 튜, 튜, 뜨뤼이, 풔어~, 퐈입, 씩스, 쎄븐, 에잇 ↘

통화가 도중에 끊어졌습니다.
I was cut off.
아이 워즈 커러프 ↘

통화중입니다.
The number is busy.
더 넘버- 리즈 비지 ↘

다시 연결해 주시겠어요?
Could you reconnect me?
크쥬 뤼커넥 미 ↗

우체국에서

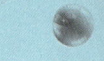

우체국(우체통)은 어디 있습니까?
Where is the post office(post)?
웨어 뤼즈 더 포우스터퓌스(포우스트)

어디서 우표(엽서)를 살 수 있습니까?
Where can I get stamps(post cards)?
웨어- 캐나이 겟 스탬스(포우스 카-즈)

(프론트에서) 이 엽서를 부쳐 주시겠습니까?
Would you mail this post card?
우쥬 메이어 디스 포우스 카드

한국에 팩스를 보내고 싶습니다.
I'd like to send a fax to Korea.
아를라익터 쎈더 팩스 터 커뤼어

항공편(선편)으로 부탁합니다
I'd like to send this by air(sea) mail.
아를라익터 쎈 디스 바이 에어-(씨이) 메이어

요금은 얼마입니까?
How much does it cost?
하 머취 더짓 커스트 ↘

속달(등기)로 부탁합니다.
Express mail(Registered mail), please.
익스프뤠스 메이러(뤠쥐스터-드 메이어) 플리이즈 ↘

이 소포에 보험을 들어 주십시오.
I'd like to insure this package.
아를라익터 인슈어- 디스 패키쥐 ↘

중량제한이 있습니까?
Do you have weight limits?
듀 해브 웨잇 리미츠 ↗

며칠 걸립니까?
How long does it take?
할롱 더짓 테익 ↘

Seat 씨잇

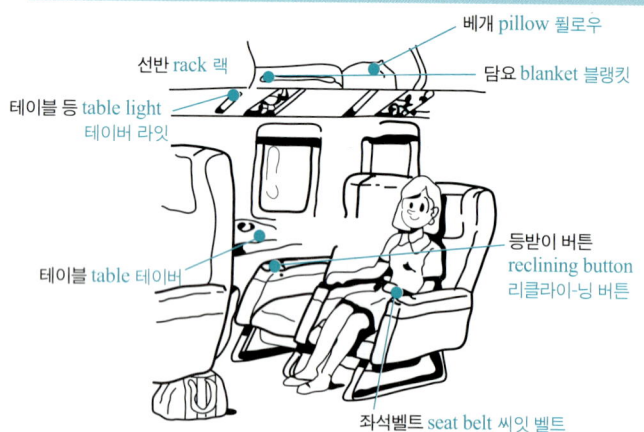

- 베개 pillow 퓔로우
- 선반 rack 랙
- 담요 blanket 블랭킷
- 테이블 등 table light 테이버 라잇
- 등받이 버튼 reclining button 리클라이-닝 버튼
- 테이블 table 테이버
- 좌석벨트 seat belt 씨잇 벨트

Cabin Lavatory 캐빈 레베토뤼

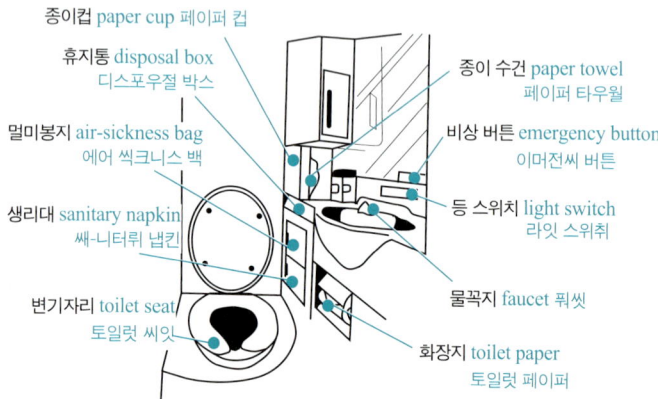

- 종이컵 paper cup 페이퍼 컵
- 휴지통 disposal box 디스포우절 박스
- 종이 수건 paper towel 페이퍼 타우월
- 멀미봉지 air-sickness bag 에어 씩크니스 백
- 비상 버튼 emergency button 이머전씨 버튼
- 생리대 sanitary napkin 쌔-니터뤼 냅킨
- 등 스위치 light switch 라잇 스위취
- 변기자리 toilet seat 토일럿 씨잇
- 물꼭지 faucet 풔씻
- 화장지 toilet paper 토일럿 페이퍼

Chapter 6

교 통

1. 길 묻기
2. 택시 타기
3. 버스 타기
4. 열차·지하철 타기
5. 열차 안에서
6. 렌터카 이용하기
7. 운전·차의 문제

길 묻기

mp3 Chapter06-01

공항에는 어떻게 가면 됩니까?
How do I get to the airport?
하르아이 겟터 디 에어-포엇 ↘

이 근처에 역이 있습니까?
Is there any station near here?
이즈 데어- 애니 스테이션 니어- 히어- ↗

이 지도에서 현재 위치를 가르쳐 주세요.
Show me where this place is on the map.
쇼우미 웨어- 디스 플레이스 이즈던 맵 ↘

은행으로 가는 길을 가르쳐 주세요.
Please tell me the way to the bank.
플리이즈 테르미 더웨이트 더 뱅크 ↘

이 길이 백화점으로 가는 길입니까?
Does this street go to the department store?
더즈 디스츄뤼잇 고우르더 디파앗먼 스토어- ↗

102

길을 잃었습니다.
I've lost the way.
아브 러스트 더웨이

버스 정류장까지 데려다 주십시오.
May I ask you to take me to the bus stop?
메아이 애스큐 터 테익미 트 더 버스탑

우체국으로 가는 약도를 그려 주시겠습니까?
May I ask you to draw the way to the post office?
메아이 애스큐 터 쥬뤄어 더 웨이르 더 포우스터퓌스

여기서 코리아타운까지 걸어갈 수 있는 거리입니까?
Is Koreatown in walking distance?
이즈 커뤼어타운 인워킹 디스턴스

가장 가까운 역은 어디입니까?
Where is the nearest station?
웨어뤼즈 더 니어뤼스테이션

택시 타기

택시를 불러 주십시오.
Please call me a taxi.
플리이즈 커어미어 택씨

택시 타는 곳은 가깝습니까?
Is there a taxi stand near here?
이즈 데어뤄 택씨 스탠 니어- 히어-

(지도나 주소를 보이며) 여기로 가 주세요.
Please take me here.
플리이즈 테익미 히어-

쉐라톤 호텔까지 부탁합니다.
The Sheraton Hotel, please.
더 쉐뤄른 호테어 플리이즈

공항까지는 얼마나 나올까요?
How much will it cost to the airport?
하머취 위릿 커스트 디 에어-포엇

세워 주세요. 여기서 내리겠습니다.
Please stop here. I'll get off.
플리이즈 스탑 히어- 아어 게러프

실례지만 빨리 가 주세요.
Excuse me, I'm in a hurry.
익스큐즈미 아미너 허뤼

여기서 잠깐만 기다려 주세요.
Please wait here for a few minutes.
플리이즈 웨잇 히어- 풔-퓨우 미니츠

얼마입니까?
How much is it?
하 머취짓

거스름 돈은 가지세요.
Keep the change.
키입 더 췌인쥐

버스 타기

mp3 Chapter06-03

이 버스가 디즈니랜드에 갑니까?
Does this bus go to Disneyland?
더즈 디스 버스 고우르 디즈닐랜- ↗

산타모니카행 버스 정류장은 어디입니까?
Where is the bus stop for Santa Monica?
웨어 뤼즈 더 버스탑 풔- 새너 마너커 ↘

이 버스는 식물원에 섭니까?
Does this bus stop at the Botanical Gardens?
더즈 디스 버스탑 앳더 버태니커어 가-른스 ↗

미술관으로 몇 번 버스가 갑니까?
What number of bus gos to Museum of art?
왓 넘버럽 버스 고우즈트 뮤지엄 어바-앗 ↘

갈아타야 합니까?
Do I have to change?
드아이 햅트 췌인쥐 ↗

워싱톤행 버스는 몇 시에 떠납니까?
What time does the bus for Washington leave?
왓 타임 더즈 더 버스 풔- 워슁턴 리입 ↘

표는 어디서 삽니까?
Where can I buy a ticket?
웨어 캐나이 바이어 티킷 ↘

다음 정류장에서 내리겠습니다.
I'll get off at the next stop.
아어 게러팻더 네스탑 ↘

야구장에 도착하면 알려 주십시오.
Please tell me when we arrive at the Stadium.
플리이스 테머미 웬 위 어롸이벗더 스테이리엄 ↘

얼마나 걸립니까?
How long will it take?
할롱 위릿 테익 ↘

열차·지하철 타기

mp3 Chapter06-04

표사는 곳은 어디입니까?
Where is the ticket counter?
웨어 뤼즈 더 티킷 캬우너-

유니온역까지 요금은 얼마입니까?
How much for Union station?
하머취 풔- 유니언 스테이션

보스톤까지 2등석표 2장 주세요.
Two second class tickets for Boston, please.
튜 쎄컨 클래스 티키츠 풔- 바스턴 플리이즈

보스톤까지 1등석 왕복표 4장 주세요.
Four first-class round trip tickets for Boston.
풔 풔-스트 클래스 롸운 츄립 티키츠 풔 바스턴

이 열차의 좌석을 예약하고 싶습니다.
I want to reserve a seat on this train.
아원트 뤼저-버 씨잇 안 디스 츄뤠인

이 열차에 침대차가 있습니까?
Does this train have a sleeping car?
더즈 디스 츄뤠인 해버 슬리이핑 카-↗

다음 열차는 몇 시 출발입니까?
What time does the next train leave?
왓 타임 더즈더 넥스츄뤠인 리입↘

킹역행 열차는 어느 승강장입니까?
Which platform for the King station train?
위취 플랫풔-엄 풔-더 킹 스테이션 츄뤠인↘

이 열차는 메트로 센터역에 섭니까?
Does this train stop at Metro Center station?
더즈 디스 츄뤠인 스타팟 메츄로우 쎄너- 스테이션↗

유니온역까지 얼마나 걸립니까?
How many hours does it take to Union station?
하매니 아우어-즈 더짓 테익터 유니언 스테이션↘

 **열차 안에서**

mp3 Chapter06-05

이 자리는 어디입니까?
Where is this seat?
웨어 뤼즈 디씨잇 ↘

지금 타도 됩니까?
Can I take the train now?
캐나이 테익터 츄뤠인 나우 ↗

몇 시에 발차합니까?
When does this train start?
웨너즈 디스 츄뤠인 스타앗 ↘

식당차가 있습니까?
Is there a dining car?
이즈 데어러 다이닝 카- ↗

이 자리 비었습니까?
Is this seat free?
이즈 디스 씨잇 프뤼 ↗

여긴 제 자리입니다.
This is my seat.
디씨즈 마이 씨잇 ↘

창문을 열어도 되겠습니까?
May I open the window?
매아이 오우픈 더 윈도- ↗

짐을 선반 위에 올려 주시겠어요?
Will you put my baggage on the rack?
윌류 풋 마이 베기쥐 안더렉 ↗

다음 정차역은 어디입니까?
Where is the next station?
웨어 리즈 더 넥스트 스테이션 ↘

여기서 얼마동안 정차합니까?
How long does the train stop here?
할롱 더즈더 츄뤠인 스탑 히어 ↘

렌터카 이용하기

mp3 Chapter06-06

소형차를 1주일 빌리고 싶습니다.
Compact car for a week, please.
컴팩 카- 풔러 위익 플리이즈

오토메틱 차를 원합니다.
The automatic car, please.
디 어러매릭 카- 플리이즈

보증금은 얼마입니까?
How much is the deposit?
하머취 이즈더 디파짓

하루 빌리는데 얼마입니까?
How much for one day?
하 머취 풔- 원데이

요금표를 보여 주세요.
Show me the list of rates, please.
쇼우 미더 리스텁 뤠이츠 플리이즈

이 차 조작법을 가르쳐 주세요.
Please tell me how to drive this car.
플리이즈 테머미 하우트 쥬라이브 디스카-

보험을 들어 주십시오.
Please give me insurance coverage.
플리이즈 기미 인슈어런스 커버뤼쥐

추가요금은 있습니까?
Is there any extra charge to be paid?
이즈 데어래니 엑스츄뤄 촤-쥐 터 비 페잇

문제가 있으면 어디로 전화해야 합니까?
If there is a problem, what number should I call?
이프 데얼리저 프뤄블럼 왓 넘버 슈라이 커어

차는 어디에서 반환합니까?
Where do I return the car?
웨어 드아이 뤼터-언 더카-

운전·차의 문제

도로지도 있습니까?
Do you have a road map?
듀 해버 뤄웃맵 ↗

근처에 주유소가 있습니까?
Is there a gas station near here?
이즈 데어러 개스 스테이션 니어 히어 ↗

가득 넣어 주세요.
Fill it up, please.
퓔릿업 플리이즈 ↘

타이어를 점검해 주시겠어요?
Will you check the tires?
윌류 첵 더 타이어스 ↗

뉴욕으로 가는데 어느 길이 좋습니까?
I'm going to New York. Which route is better?
아임 고너 뉴-욕- ↘ 위취 루웃 이즈 베러 ↘

차가 고장 났어요.
My car has broken down.
마이 카- 해즈 브뤄큰 다운 ↘

시동이 걸리지 않습니다
The engine doesn't start.
디 엔쥔 더즌 스타앗 ↘

고치는데 얼마나 걸립니까?
How long will it take to fix it?
할롱 위릿 테익트 픽씻 ↘

사고가 났습니다. 경찰을 불러 주세요.
We have an accident now. Will you call a police?
위 해번 액써던 나우 ↘ 윌류 커어러 펄리이스 ↗

사고증명서를 써 주시겠어요?
Will you make an accident report?
윌류 메익컨 엑써던 리-포엇 ↗

각 지역별 여행 복장

미국
서부지역은 연중 온화하며 건조한 날씨가 많아 한국의 봄, 가을 복장을 준비하면 된다. 겨울에 로스앤젤레스를 여행할 경우에는 스웨터나 가디건 등을 준비한다.
동부지역인 뉴욕 등은 여름은 비교적 온화하지만 겨울에는 한국의 겨울 복장을 준비한다.

캐나다(밴쿠버)
비교적 온화한 날씨로 여름에도 서늘하다. 산악지대를 여행할 때에는 스웨터나 방한복을 준비하는 것이 좋다.

호주 지역
남반구에 위한 호주의 시드니는 한국과 계절이 반대라는 것을 알아 두자. 연중 시원한 날씨로 한국의 봄, 가을 복장이 적당하지만 밤에는 쌀쌀하므로 가디건을 준비한다.
오클랜드는 한국과 계절이 반대이며 연중 기온차가 심하지 않다. 겨울에는 우비를 준비한다.

유럽 지역
런던은 여름에도 시원하므로 긴팔 셔츠를 가져가는 것이 좋으며, 10월~4월까지는 방한복을 준비해야 한다.
제네바는 여름에도 스웨터나 가디건이 필요하며, 겨울은 매우 추우므로 방한장비를 단단히 준비해야 한다.
암스텔담은 여름에는 온도와 습도가 적당하며, 겨울에는 안개가 많고 비가 자주 오므로 두꺼운 코트나 우비를 준비한다.
로마는 약간 덥고 건조한 날씨이다. 복장은 한국 기온에 맞추어 준비하면 된다.

Chapter 7

관 광

1. 관광안내소에서
2. 관광지에서
3. 미술관·박물관에서
4. 극장에서
5. 영화관에서
6. 사진 찍기와 현지인에게 말걸기
7. 경기 관람
8. 레저 즐기기
9. 골프·스키

관광안내소에서

mp3 Chapter07-01

관광안내소는 어디 있습니까?
Where is tourist information?
웨어 뤼즈 투어뤼스트 인풔-메이션

관광안내 책자 한 권 주세요.
Please give me a sightseer's pamphlet?
플리이즈 김미어 싸잇씨어즈 펨플릿

여기에서 관광여행을 신청할 수 있습니까?
Can I sign up for the sightseeing tour?
캐나이 싸이넙 풔-더 싸잇씨잉 투어-

여기 한국어를 하는 분은 안 계십니까?
Is there anybody here who speaks Korean?
이즈데어- 애니바리 히어- 후 스피익스 커뤼언

이 도시의 지도는 있습니까?
Do you have a map of this town?
듀 해버 맵 어브 디스 타운

한국어 가이드가 동행합니까?
Does a Korean speaking guide go with us?
더저 커뤼언 스피이킹 가이드 고우 위더스 ↗

관광버스는 있습니까?
Is there a tour bus?
이즈 데어러 투어-버스 ↗

이 도시에서 가장 좋은 관광지는 어디입니까?
What is the best place to visit in this town?
와리즈더 베스트 플레이스 터 비지린 디스 타운 ↘

당일치기 여행을 가르쳐 주십시오.
Tell me about the day trip, please.
테어미 어바웃더 데이츄립 플리이즈 ↘

당일여행표를 살 수 있습니까?
Can I buy a ticket on the day of the tour?
캐나이 바이어 티킷 안 더 데이 어브더 투어 ↗

관광지에서

mp3 Chapter07-02

입장료는 얼마입니까?
How much is the admission?
하머취 이즈디 엇미션

몇 시까지 엽니까?
How late are you open?
할레잇 아류 어펀

여기서 사진을 찍어도 됩니까?
May I take pictures here?
메아이 테익 픽쳐-스 히어-

사진을 찍어 주시겠습니까?
Could you please take a picture?
크쥬 플리이즈 테이커 픽쳐-

화장실은 어디입니까?
Where is the rest room?
웨어 뤼즈더 뤠스트 루움

볼만한 것들을 가르쳐 주세요.
Please tell me the interesting things to see.
플리이즈 테어 미디 인츄뤼스팅 띵즈 터 씨이 ↘

기념품점은 있습니까?
Are there any gift shops?
아-데어- 애니 기프트 샵스 ↗

관광 안내서 있습니까?
Do you have a pamphlet for tourists?
듀 해버 팸플릿 풔- 투어뤼스츠 ↗

가방들을 맡아 주시겠습니까?
Can you hold my bags?
캐뉴 호울 마이 백스 ↗

여기에는 무엇이 있습니까?
What is here?
와리즈 히어 ↘

미술관·박물관에서

어른 2장 주십시오.
Two adults, please.
튜 어더어츠 플리이즈 ↘

단체할인은 있습니까?
Is there a reduction for a group?
이즈 데어러 디덕션 풔러 그루웁 ↗

관광 안내지도를 주세요.
Please give me an information map.
플리이즈 기미언 인풔-메이션 맵 ↘

가방을 맡겨야 합니까?
Should I check my bag?
슈라이 첵 마이 백 ↗

사진 한장 찍어도 되겠습니까?
May I take a picture?
메아이 테이커 픽쳐- ↗

안내해 주실 분은 있습니까?
Is there anyone who can guide us?
이즈 데어- 애니원 후 캔 가이더스 ↗

지금 무슨 특별 전시를 하고 있습니까?
Do you have any special exhibitions now?
듀 해배니 스페셔어 엑써비션즈 나우 ↗

이 미술관(박물관)에는 어떤 작품이 있습니까?
What kind of museum is this?
왓카이넙 뮤지엄 이즈 디스 ↘

휴게실(흡연구역)은 어디입니까?
Where is the rest(smoking) area?
웨어뤼즈더 뤠스트(스모우킹) 에어뤼어 ↘

폐관은 몇 시입니까?
When do you close?
웬 듀 클로우즈 ↘

극장에서

mp3 Chapter07-04

근처에 연극 안내는 있습니까?
Is there a theater guide around here?
이즈 데어뤄 띠어러- 가잇 어라운 히어-

케네디 센터는 어디 있습니까?
Where is John F. Kennedy Center?
훼어뤼즈 잔 엡 케네디 쎄너-

표는 어디에서 구입할 수 있습니까?
Where can I get a ticket?
웨어- 캐나이 게러 티킷

당일권은 있습니까?
Are tickets available today?
아- 티키츠 어베일러버 트데이

다음 금요일 뮤지컬 표 2장 주세요.
I want to get two tickets for the musical for next Friday.
아이 원트 겟 튜 티킷츠 풔더 뮤지커어 풔 넥스트 프라이데-

'캣츠' 는 공연중입니까?
Is "Cats" playing?
이즈 캐츠 플레잉 ↗

제일 비싼(싼) 자리는 얼마입니까?
How much is the most expensive(cheapest) seat?
하 머취즈더 모우스트 익스펜씹(취이피스트) 씨잇 ↘

오늘밤에는 무얼 공연합니까?
What is showing this evening?
와리즈 쇼우잉 디스 이브닝 ↘

시작은 몇 시입니까?
What time does it start?
왓 타임 더짓 스타-앗 ↘

몇 시 경에 끝납니까?
What time does it finish?
왓 타임 더짓 퓌니쉬 ↘

영화관에서

근처에 영화관이 있습니까?
Is there any movie theater near here?
이즈 데어- 애니 무비 띠어러- 니어- 히어- ↗

다음 회는 몇 시에 시작합니까?
What time is the next showing?
왓 타임 이즈 더 넥스트 쇼우잉 ↘

예매권은 어디서 살 수 있습니까?
Where can I get an advance ticket?
웨어- 캐나이 게런 엇밴스 티킷 ↘

어떤 영화를 상영하고 있습니까?
What kind of movies are showing?
왓카이넙 무비즈 아- 쇼우잉 ↘

전쟁영화는 싫어합니다.
I don't like war movies.
아론 라익 워- 무비즈 ↘

코메디를 좋아합니다.
I prefer some comedies.
아이 프뤼풔- 썸 카머리이즈

누가 출연합니까?
Who's in the movie?
후진더 무비

자리는 있습니까?
Are there any seats?
아데어 애니 씨잇츠

언제(몇 시) 표면 살 수 있습니까?
For what day(time) are tickets available?
풔-왓 데이(타임) 아-티키츠 어베일러버

이 자리로 안내해 주겠습니까?
Could you take me to this seat?
크쥬 테익미 터 디씨잇

사진 찍기와 현지인에게 말걸기

여기서 사진을 찍어도 됩니까?
May I take pictures here?
매아이 테익 픽춰 히어

실례지만 당신을 찍어도 됩니까?
Excuse me. Can I take your picture?
익스큐스미 캐나이 테이커- 픽춰-

셔터를 눌러 주시겠습니까?
Could you press the button for me?
크쥬 프뤠스 더 버튼 풔- 미

이것만 누르시면 됩니다.
Just press this.
쥐스트 프뤠스 디스

여기 서 주세요.
Stand here, please.
스탠- 히어- 플리이즈

좋은 날씨죠?
Lovely weather, isn't it?
러블리 웨더- 이즈닛

멋진 곳이군요!
Nice place!
나이스 플레이스

여기에는 자주 오십니까?
Do you come here often?
듀 컴 히어- 어펀

이 근처에 사십니까?
Do you live near here?
듀 리브 니어- 히어-

전 여행 왔습니다.
I'm a tourist.
아머 투어뤼스트

경기 관람

오늘밤 야구경기가 있습니까?
Is the baseball team playing here tonight?
이즈더 베이스보어 티임 플레잉 히어- 트나잇

축구경기를 보고 싶습니다.
I'd like to watch a soccer game.
아를라익터 와취 싸커- 게임

표는 어디에서 삽니까?
Where can I get a ticket?
웨어- 캐나이 게러 티킷

지금 표를 살 수 있습니까?
Can we buy tickets now?
캐뉴 바이 티킷츠 나우

1루측 내야석을 주십시오.
I'd like a seat on the first base side.
아를라이커 씨잇 안더 풔-스 베이사잇

경기장에는 어떻게 갑니까?
How can I get to the stadium?
하 캐나이 겟터더 스테이리엄

어느 팀이 경기를 합니까?
Which teams are playing?
위취 팀스 아 플레잉

경기는 몇 시부터 시작합니까?
What time does the game start?
왓 타임 더즈더 게임 스타앗

어디에 줄을 서야 합니까?
Where should I line up?
웨어- 슈라이 라이넙

가장 좋은 자리로 2장 주세요
Two of the best seats, please.
튜옵 더 베스-씨이츠 플리이즈

131

레저 즐기기

mp3 Chapter07-08

자전거 빌려주는 데는 어디 있습니까?
Where is the bicycle rental shop?
웨어 리즈 바이씨커 뤠너 샵 ↘

자전거를 2대 빌릴 수 있습니까?
Can I rent two bicycles?
캐나이 렌 튜 바이씨커즈 ↗

얼마입니까?
How much does it cost?
하머취 더짓 커스트 ↘

초보자용 스쿠버 강습은 있습니까?
Are there scuba lessons for beginners?
아-데어- 스쿠버 레슨즈 풔- 비기너-즈 ↗

어디에서 신청합니까?
Where can I sign up?
웨어-캐나이 싸이넙 ↘

초보자를 위한 단기강습은 있습니까?
Do you have short lessons for beginners?
듀- 햅 쇼엇 레슨즈 풔- 비기너-즈 ↗

강습교사를 구할 수 있습니까?
Can I have an instructor?
캐나이 해번 인스츄럭터- ↗

보트를 빌리고 싶습니다.
I'd like to rent a boat.
아를라익터 뤠너 보웃 ↘

장비를 빌려 쓸 수 있습니까?
Can I use the equipment?
캐나이 유즈디 이큅먼 ↗

이 장비는 어떻게 사용하는지 보여 주세요.
Show me how to use this equipment.
쇼우 미 하르 유우즈 디스 이큅먼 ↘

골프·스키

투숙객이 이 코스에서 골프 칠 수 있습니까?
Can a visitor play golf on this course?
캐너 비지러-플레이 가어프 안디스 코어-스

골프장은 예약이 필요합니까?
Is it necessary to make a reservation to play golf?
이짓 네써쎠뤼 터메이커 뤠저-베이션 터 플레이 가어프

내일 아침 8시에 예약할 수 있습니까?
Can I make a reservation for 8 tomorrow morning?
캐나이 메이커 뤠저-베이션 풔- 에잇 터마뤄우 모어-닝

카트 요금도 포함되어 있습니까?
Is the cart fee included in the price?
이즈더 카앗퓌이 인클루릿 인더프롸이스

신발(클럽)을 빌릴 수 있습니까?
Can I rent a pair of shoes(clubs)?
캐나이 뤠너 페어럽 슈우즈(클럽스)

근처에 스키장은 있습니까?
Is there any good skiing ground around here?
이즈 데어- 애니 굳 스키잉 그롸운 어롸운 히어- ↗

초보자입니다.
I'm a beginner.
아머 비기너- ↘

초보자용(상급자용) 코스가 있습니까?
Is there a course for beginners(better skiers)?
이즈 데어뤄 코어-스 풔- 비기너-즈(베러-스키어-즈) ↗

위치도를 얻을 수 있습니까?
May I have a ground map?
메아이 해버 그롸운 맵 ↗

인치 사이즈는 모릅니다.
I don't know my size in inches.
아러노우 마이 싸이진 인취즈 ↘

옷·신발 사이즈 비교표

의류

미국	2	4	6	8	10	12	14	16	18
	XS	S		M		L		XL	
한국(1)	44	55		66		77		88	
한국(2)	85	90		95		100		105	
이탈리아	36	38~40		42~44		46~48		50~52	
가슴둘레(in)	32	33~34		35~37		38~40		44	
허리둘레(in)	24	25~26		27~29		30~32		34	
엉덩이둘레(in)	34	35~36		37~39		40~42		44	

속옷

미국	0	2	4	6	8	10	12	14	16	18	20
	XXS	XS		S			M		L		XL
한국	85	90		95			100		105		110

신발

인치(in)=2.54cm, 피트(ft)=30.48cm

미국	6	6.5	7	7.5	8	8.5	9	9.5	10	10.5	11
한국(남)	235	240	245	250	255	260	265	270	275	280	285
한국(여)	230	235	240	245	250	255	260	265	270	275	280

옷감 표시

	면	마	실크	모	나일론	폴리에스텔
영어	cotton	linen	silk	wool	nylon	polyester
이탈리아어	il cotone	il lino	la seta	la lana	il nylon	il polyester
프랑스어	lo coton	le lin	la soie	la laine	le nylon	il polyester

Chapter 8

쇼 핑

1. 상점·매장 찾기
2. 옷 사기
3. 화장품 사기
4. 보석·장신구 사기
5. 가죽제품 사기
6. 면세점에서
7. 미용실·이발소에서
8. 지불할 때
9. 반품할 때

상점·매장 찾기

mp3 Chapter08-01

기념품은 어디에 가면 살 수 있습니까?
Where can I buy some gifts?
웨어- 캐나이 바이 썸 기프츠

이 근처에 면세점이 있습니까?
Is there a duty free shop around here?
이즈 데어뤄 듀리프뤼이 샵 어라운 히어-

대형백화점은 어디 있습니까?
Where is a big department store?
웨어 뤼저 빅 디파앗먼 스토어-

쇼핑몰은 어디 있습니까?
Where is the shopping mall in town?
웨어 뤼즈더 샤핑 모어 인타운

할인점을 찾고 있습니다.
I'm looking for a discount shop.
암 루킹 풔- 디스캬운 샵

어떻게 가는지 가르쳐 주세요.
Please tell me how to get there.
플리즈 테어미 하르 겟 데어-

이 쇼핑몰 안내도를 얻고 싶습니다.
Can I get an information guide for this mall?
캐나이 게런 인풔-메이션 가잇 풔-디스 모어

접는 우산을 찾고 있습니다
I'm looking for folding umbrella.
아임 루킹풔 풔울딩 엄브렐러

의류매장은 몇 층입니까?
Which floor has clothing items?
위취 플로어- 해즈 클로우딩 아이럼즈

구두는 어디에서 살 수 있습니까?
Where can I get some shoes?
웨어- 캐나이 겟 썸 슈우즈

옷 사기

mp3 Chapter08-02

저, 좀 도와주시겠어요?
Excuse me, can you help me?
익스큐스미 ↘ 캐뉴 헤엽미 ↗

내가 입을 옷을 찾고 있습니다.
I'm looking for a suit for me.
암 루킹 풔-러 수웃 풔-미 ↘

이 스커트 사이즈는 얼마입니까?
What size is this skirt?
왓 싸이즈 이즈 디 스커엇 ↘

입어봐도 됩니까?
May I try it on?
메아이 츄롸이론 ↗

이 스웨터는 여성용입니까?
Is this a woman's sweater?
이즈 디서 워먼즈 스웨러- ↗

실크 브라우스 있습니까?
Do you have any silk blouse?
드유 해브 애니 씨억 블라우스 ↗

이건 얼마입니까?
How much is this?
하머취즈 디스 ↘

다른 사이즈는 없습니까?
Are there any other sizes?
아- 데어- 애니 아더- 싸이지즈 ↗

다른 색깔은 없습니까?
Do you have different colors?
듀 해브 디풔런 컬러-즈 ↗

사이즈를 재 주시겠습니까?
Can you measure me?
캐뉴 메줘- 미 ↗

화장품 사기

mp3 Chapter08-03

찾고 있는 것이 있습니다.
I'm looking for something.
암 루킹 풔- 썸띵

무슨 색이 유행하고 있습니까?
Which color is now in fashion?
위취 컬러- 이즈 나우 인패션

시험해 봐도 됩니까?
May I try it?
메아이 츄라이잇

인기있는 향수는 어느 것입니까?
Which perfume is popular?
위취 퍼-퓨움 이즈 파퓰러-

신제품은 발매되었습니까?
Are there any new items on sale?
아-데어- 애니 뉴우 아이럼존 쎄이어

이것은 한국에서도 팔고 있습니까?
Can I get this in Korea, too?
캐나이 겟 디씬 커뤼어 튜우 ↗

선물용으로 좋은 것은 있습니까?
Do you have any nice small gifts?
듀 해배니 나이스모어 기프츠 ↗

색깔은 이것이 전부입니까?
Are these all the colors?
아- 디조어 더 컬러-즈 ↗

더 밝은 색은 있습니까?
Do you have a brighter color?
듀 해버 브롸이러- 컬러- ↗

같은 것을 5개 주십시오.
Give me five of the same thing.
기미 퐈이법 더 쎄임 띵 ↘

보석·장신구 사기

mp3 Chapter08-04

케이스 안에 있는 걸 보고 싶습니다.
I'd like to see the things in the case.
아를라익터 씨이더 띵진 더 케이스 ↘

그 목걸이를 보여 주십시오.
Show me the necklace, please.
쇼우미 더 네클리스 플리이즈 ↘

이 반지 사이즈는 한국과 같습니까?
Are sizes the same as in Korea?
아- 싸이지즈 더 쎄이매진 커뤼어 ↗

이것은 순은입니까?
Is this made of pure silver?
이즈 디스 메이럽 퓨어- 씨어버- ↗

진짜입니까?
Is this real?
이즈 디스 뤼어 ↗

약지 사이즈를 재어주시겠습니까?
> Will you measure my ring finger, please?
>
> 워류 메쥬- 마이 링 핑거- 플리이즈 ↗

보증서는 들어 있습니까?
> Can I get a warranty card?
>
> 캐나이 게러 워뤄니 카-드 ↗

끼어 봐도 좋습니까?
> Can I try it on?
>
> 캐나이 츄롸이론 ↗

사이즈를 조정해 주시겠습니까?
> Can you adjust the size?
>
> 캐뉴 엇줘스트 더 싸이즈 ↗

좀 더 싼(비싼) 것을 보여 주세요.
> Please show me a less(more) expensive one.
>
> 플리이즈 쇼우미얼 레스(모어-) 익스펜씨브 원 ↘

가죽제품 사기

mp3 Chapter08-05

이 구두를 신어보고 싶습니다.
I'd like to try on these shoes.
아를라익터 츄롸이온 디즈 슈우즈

리복 운동화 있습니까?
Do you have Reabok sneakers?
듀 해브 뤼이박 스니커-즈

여기에 나와있는 것이 전부입니까?
Is this all you have?
이즈 디소어 유해브

세일품은 있습니까?
Do you have anything on sale?
듀 해브 애니띵 온쎄이어

부드러운 가죽이 좋습니다.
I like smooth leather.
아일 라익 스무드 레더-

이것은 무슨 브랜드입니까?
What brand is this?
왓 브랜 이즈 디스

어떤 디자인이 유행하고 있습니까?
What kind of design is now in fashion?
왓 카이넙 디자인 이즈 나우 인 패션

어디서 만든 것입니까?
Where is this made?
웨어- 이즈 디스 메잇

진짜 가죽입니까?
Is this real leather?
이즈 디스 뤼얼 레더-

다른 색은 있습니까?
Do you have a different color?
듀해버 디풔런 컬러-

Chapter 8 쇼핑

면세점에서

mp3 Chapter08-06

미안하지만, 좀 도와주실 수 있어요?
Excuse me, can you help me?
익스큐스미 캐뉴 헤업 미

한국에서 팔고 있지 않은 것은 어느 것입니까?
Which is the one we can't get in Korea?
위취 이즈더 원 위 캔 게린 커뤼어

넥타이는 어디에 있습니까?
Where are neckties?
웨어-아 넥타이즈

소재는 무엇입니까?
What is this made of?
와리즈 디스 메이럽

한국인에게는 어떤 것이 인기가 있습니까?
What kind of things are popular for Koreans?
왓 카이넙 띵즈 아- 파퓰러- 풔- 커뤼언즈

한 팩에 얼마입니까?
How much is one pack?
하 머취즈 원 팩 ↘

특산품으로는 무엇이 있습니까?
What special products do you have here?
왓 스페셔어 프라덕츠 듀해브 히어- ↘

권해 주실만한 것이 있습니까?
Can you recommend something?
캐뉴 뤠커멘 썸띵 ↗

좀 다른 것을 시험해 보고 싶습니다.
I'm going to try another item.
암 거너 츄라이 어나더- 아이럼 ↘

여기 있는 것이 전부입니까?
Is this all?
이즈 디소어 ↗

미용실·이발소에서

예약을 해야 합니까?
Is it necessary to make an appointment?
이짓 네쎄써뤼 트 메익컨 어포인먼 ↗

지금 커트할 수 있습니까?
Can you cut my hair now?
캐뉴 컷 마이헤어 나우 ↗

커트만 부탁합니다.
Haircut only, please.
헤어컷 오운리 플리이즈 ↘

샴푸, 커트, 드라이를 부탁합니다.
Shampoo, cut and blow, please.
쉠푸- 컷 블로- 플리이즈 ↘

가볍게 파마해 주세요.
I want to have a soft permanent.
아이 원트 해버 숍트 퍼-마넌 ↘

이런 모양으로 부탁합니다.
Make it the same style as this, please.
메이킷 더 쎄임 스타일 애즈 디스 플리이즈 ↘

이 만큼 길게 해 주세요.
Leave them this long.
리이브 뎀 디스 롱- ↘

샴푸는 필요 없습니다.
I don't need shampoo.
아이돈 니잇 쉠푸- ↘

손톱을 손질해 주시겠어요?
Could you do my nails?
크쥬 드 마이 네일즈 ↗

면도를 해 주세요.
Give me a shave, please.
김미어 쉐이브 플리이즈 ↘

지불할 때

mp3 Chapter08-08

이걸로 하겠습니다.
I'll take this, please.
아어 테익 디스 플리이즈 ↘

전부 얼마입니까?
What is the total?
와리즈 더 토우러 ↘

계산은 어디서 합니까?
Where is the cashier?
웨어- 이즈더 캐쉬어- ↘

좀 더 싸게는 안됩니까?
Is this the best price?
이즈 디스 더 베스트 프롸이스 ↗

선물용으로 포장해 주십시오.
Please gift-wrap this.
플리이즈 기프트뢥 디스 ↘

한국 돈으로 지불해도 됩니까?
Can I pay by won?
캐나이 페이 바이 원 ↗

신용카드로 지불해도 됩니까?
Can I pay with credit card?
캐나이 페이 윗 크뤠릿 카-드 ↗

영수증 주세요.
Receipt, please.
뤼씨잇 플리이즈 ↘

이것을 한국으로 보내줄 수 있습니까?
Can you send this to Korea?
캐뉴 쎈디스 터 커뤼어 ↗

거스름 돈을 더 받아야 될 것 같습니다.
I think I'm supposed to get more change.
아이 띵크 암 써포우즈드 터 겟 모어- 췌인쥐 ↘

반품할 때

mp3 Chapter08-09

이 물건을 반품(교환)하고 싶습니다.
I'd like to return(change) this item.
아틀라익터 뤼터언(췌인쥐) 디스 아이럼

병이 깨졌습니다.
The bottle was broken.
더바러 워즈 브뤼큰

여기에 금이 갔습니다.
Here is a crack.
히어-이저 크랙

열어보니까 다른 물건입니다.
This is different from what I bought.
디스 이즈 디풔런 프럼 와라이 버엇트

영수증을 가지고 있습니다.
I have a receipt.
아이해버 뤼씨잇

전혀 사용하지 않았습니다.
I haven't used it at all.
아이 해븐 유즈딧 애로어 ↘

카드로 지불했습니다. 이것이 영수증입니다.
I payed with my card. This is the receipt.
아이 페이드 윗마이 카-드 ↘ 디스 이즈 더 뤼씨잇 ↘

이 사이즈는 맞지 않습니다.
This size doesn't fit me.
디싸이즈 더즌 핏미 ↘

다른 것을 골라 주십시오.
Please let me choose another one.
플리이즈 렛미 츄우즈 어나더- 원 ↘

어째서 교환해 줄 수 없습니까?
Why can't I exchange this?
와이 캔 아이 익스췌인쥐 디스 ↘

숫자 읽기(0~90) ※ 앞은 기수, 뒤는 서수. 100 이상은 254쪽

0	zero	지이뤄우
1	one/first	원/풔-스트
2	two/second	튜/쎄컨
3	three/third	뜨루이/떠-드
4	four/fourth	풔어-/풔어-쓰
5	five/fifth	파이브/핍쓰
6	six/sixth	씩스/씩쓰
7	seven/seventh	쎄븐/쎄븐쓰
8	eight/eighth	에잇/에잇쓰
9	nine/ninth	나인/나인쓰
10	ten/tenth	텐/텐쓰
11	eleven/eleventh	일레븐/일레븐쓰
12	twelve/twelfth	트웨어브/트웨업쓰
13	thirteen/thirteenth	써-틴/써-틴쓰
14	fourteen/fourteenth	풔-틴/풔-틴쓰
15	fifteen/fifteenth	퓌프틴/퓌프틴쓰
16	sixteen/sixteenth	씩스틴/씩스틴쓰
17	seventeen/seventeenth	쎄븐틴/쎄븐틴쓰
18	eighteen/eighteenth	에잇틴/에잇틴쓰
19	nineteen/nineteenth	나인틴/나인틴쓰
20	twenty/twentieth	트웨니/트웨니쓰
21	twenty-one/twenty-first	트웨니원/트웨니 풔-스트
30	thirty/thirtieth	떠-리/떠-리쓰
40	forty/fortieth	풔-리/풔-리쓰
50	fifty/fiftieth	퓌프티/퓌프티이쓰
60	sixty/sixtieth	씩스티/씩스티이쓰
70	seventy/seventieth	쎄브니/쎄브니이쓰
80	eighty/eightieth	에이리/에이리이쓰
90	ninety/ninetieth	나이니/나이니이쓰

Chapter 9

문제해결

1. 분실·도난
2. 부상·질병
3. 교통사고

분실·도난

mp3 Chapter09-01

도와 주실 수 있어요?
Can you help me?
캐뉴 헤읍미 ↗

경찰을 불러 주십시오.
Please call the police.
플리이즈 커어 더 펄리이스 ↘

내 방에 누군가 침입했었습니다.
Somebody broke into my room.
썸바리 브뤄욱 인터 마이 루움 ↘

카메라를 두고 내렸습니다.
I left my camera.
아일 레프트 마이 캐머뤄 ↘

여권을 잃어버렸어요.
I lost my passport.
아일 러스트 마이 패스포엇 ↘

지갑을 도난당했습니다.
I had my purse stolen.
아이 햇 마이 퍼-스 스토울런 ↘

신용카드를 도난당했습니다. 취소해 주세요.
I had my credit card stolen, please cancel it.
아이 햇 마이 크뤠릿 카-드 스토울런 ↘ 플리이즈 캔썰릿 ↘

한국어를 하는 분을 불러 주세요.
I need somebody who understands Korean.
아이 니잇 썸바리 후 언더-스탠즈 커뤼언 ↘

누가 좀 빨리 와 주십시오.
Please come immediately.
플리이즈 컴 이미리엇리 ↘

한국대사관에 연락하고 싶습니다.
I'd like to contact the Korean embassy.
아를라익터 컨택 더커뤼언 엠버씨 ↘

부상·질병

여기가 아픕니다.
I feel pain here.
아이 퓌어 페인 히어-

두통이 납니다.
I have a headache.
아이 해버 헤레익

배가 몹시 아픕니다.
I have a very bad stomachache.
아이 해버 베뤼 뱃 스터머케익

열이 높은 것 같습니다.
I think I have a high temperature.
아이 띵크 아이 해버 하이 템퍼뤄쳐-

감기에 걸렸습니다.
I caught a cold.
아이 커러 코울

피가 납니다.
  I'm bleeding.
  암 블리이링

약을 살 수 있습니까?
  Can I get some medicine?
  캐나이 겟 썸 메러슨

의사를 불러 주십시오.
  Please call a doctor.
  플리이즈 컬러 닥터-

병원에 데려가 주십시오.
  Please take me to the hospital.
  플리이즈 테익 미르 더하스피러어

구급차를 불러 주십시오.
  Please call an ambulance.
  플리이즈 컬런 앰뷸런스

교통사고

mp3 Chapter09-03

사고가 났습니다!
I had an accident!
아이 해런 액써던

뺑소니 쳤습니다.
It was a "hit and run"!
잇 워저 히런 런

치었습니다.
I got hit!
아이 갓 힛

도와 주세요.
Help me, please!
헤업미 플리이즈

구급차(경찰)를 불러 주십시오.
Please call an ambulance(the police)!
플리이즈 컬런 앰뷸런스(더 펄리이스)

응급처치를 해 주시겠습니까?
Would you give me first aid?
우쥬 기미 풔-스테잇 ↗

못 움직이겠어요.
I can't move.
아이 캔 무우브 ↘

혈액형은 O형입니다.
My blood type is "O".
마이 블럿타입 이즈 오우 ↘

나는 잘못이 없습니다.
It wasn't my fault.
잇 워즌 마이 풔어트 ↘

나는 교통규칙을 지켰습니다.
I didn't break any traffic laws.
아리른 브뤠익 애니 츄래픽 러어즈 ↘

모르는 말 찾기

Wordbook 1
출국·기내·입국

모르는 말 찾기 (가방~내리다)

가방	bags	백스
가벼운	light	라잇
가지고 들어가다	carry on (기내)	캐류 온
	carry in (국내)	캐뤼 인
개인용품	personal effects	퍼-스너어 이펙츠
객실 승무원	flight attendant	플라잇 어텐던
거스름돈	change	췌인쥐
검사하다	check / examine	책 / 익재민
검역	quarantine	쿼런틴
	health check	헤어쓰첵
게시판	bulletin board	불러린보어-드
고도	altitude	앨터튜웃
고장	trouble	츄뤄버
고장나다	be broken	비 브뤄큰
	be damaged	비 대미쥐드
공항	airport	에어-포엇
공항버스	limousine bus	리머진 버스
	airport bus	에어-포엇 버스
과세품	taxables	택써버즈
관광	sightseeing	싸잇씨잉
관광안내소	tourist information	투어리스트 인풔-메이션
관세율	tariff	테러프
괜찮은	safe / all right	쎄이프 / 어롸잇

단어만 말해도 뜻은 통한다!

교통체증	traffic jam	츄뤠픽 잼
구명재킷	life jacket	라이프 줴킷
국내선	domestic service	더메스틱 써-비스
국적	nationality	내쉬낼러리
국제선	international service	이너-내쉬어 써-비스
귀금속	precious metals	프뤠셔스 메러어즈
귀중한	valuable / important	밸류어버 / 임포어턴
그림엽서	post card	포우스 카드
금연석	non-smoking seat	난스모우킹 씨잇
금지하다	prohibit / forbid	프뤄히빗 / 풔-빗
기내 휴대 수화물	carry-on baggage	캐뤼온 배기쥐
기념품(선물)	souvenir / present	수버니어- / 프뤠즌트
	gift	기프트
기다리다	wait	웨잇
기류	air current	에어- 커런트
기입하다	fill in / fill out	퓔 린 / 퓔 라웃
기장	captain	캡틴
기저귀	diaper	다이퍼-
김	dried seaweed	쥬라이드 씨위드
꼬리표	tag / label	택 / 레이버어
나이	age	에이쥐
남성	male	메이어
내리다	take down	테익 다운

모르는 말 찾기 (내용물~벨트)

한국어	영어	발음
내용물	contents	칸텐츠
냉수	cold water	코울 워러-
넥타이	tie	타이
늦다	delay	딜레이
다른	any other / other	애니아더- / 아더-
다음	the next	더 넥스트
담배	cigarette / tobacco	씨거렛 / 터배코우
담요	blanket	블랭킷
대합실	waiting room	웨이링 루움
더	more	모어-
더운	hot	핫
도착	arrival	어롸이버
도착하다	arrive / get to	어롸이브 / 겟투
도착 로비	arrival lobby	어롸이버 라비
되돌아 가다	be back / be restored	비 백 / 비 뤼스토어-드
동전	coin	코인
뒤쪽의	in the back	인더백
만나다	meet	미잇
맡기다	keep / check	키입 / 첵
매다	fasten	패슨
멀미봉지	motionsickness bag	모숀씩크니쓰 백
물건을 잊다	leave behind	리입 비하인
	forget	풔-겟

168

 단어만 말해도 뜻은 통한다!

라이터	**lighter**	라이러-
렌터카	**rent-a-car**	뤠너카-
만년필	**fountain pen**	파운틴 펜
망가진	**damaged / broken**	대미쥐드 / 브뤄큰
멀미약	**antimotion medicine**	애니모우션 메러슨
	medicine for air-sickness	메러슨 풔- 에어 씩니스
면세품	**tax free goods**	택스 프뤼 그즈
	tax free item	택스 프뤼 아이럼
	duty-free items	듀리 프뤼이 아이럼
몇 시	**what time / when**	왓 타임 / 웬
목적	**purpose**	퍼-퍼스
목적지	**destination**	데스티네이션
몸 수색	**search / frisking**	써-취 / 프뤼스킹
무거운	**heavy**	헤비
무효인	**invalid**	인밸리드
바꾸다	**change / exchange**	췌인쥐 / 익쓰췌인쥐
반입 금지품	**prohibited articles**	프로히빗 아-리커즈
	non-permissible items	난 퍼-미씨버 아이럼스
버번	**bourbon**	버-번
버스정류장	**bus stop**	버스탑
베개	**pillow**	필로
베이비 파우더	**baby powder**	베이비 파우러-
벨트	**belt**	베엇

모르는 말 찾기 (변경하다~세금)

한국어	영어	발음
변경하다	change	췌인쥐
변기	commode	커모우드
보루	carton	카-튼
보석	jewelry	쥬월리
보세창고 유치	bond	반드
보안 검색	security check	씨큐어뤄리 첵
보이다	see	씨이
보통의	normal	노어-머
복잡한	complicated	캄플리케이릿
본적지	permanent address	퍼-머넌 애쥬뤠스
볼펜	ball-point pen	보어포인 펜
봉투	envelope	엔벌로웁
부치다	check	첵
분실물	things left behind	띵즈 레프트 비하인
분실신고서	lost baggage report	러스트 배기쥐 뤼포-엇
불가능한	impossible	임파써버
불안한	uneasy	어니지
불완전한	imperfect	임퍼-픽
불평하다	complain	컴플레인
붕대	bandage	배나쥐
브랜디	brandy	브랜디
비디오 카메라	video movie camera	비리오우 무우비 캐머뤄
비상구	emergency exit	이머-전씨 엑짓

170

단어만 말해도 뜻은 통한다!

비자(사증)	**visa**	비저
비행시간	**flight time**	플라잇타임
사무장	**purser**	퍼-써
사업	**business**	비지니스
산소마스크	**oxygen mask**	악씨전 매스크
상영하다	**show**	쇼우
생년월일	**date of birth**	데이럽 버-쓰
서다	**stop**	스땁
서두르다	**hurry**	허뤼
서류	**form / document**	풔엄 / 다큐먼
서명	**signature**	씨그너춰-
서명하다	**sign**	싸인
선글라스	**sunglasses**	썬그래시즈
설명하다	**explain**	익스플레인
성(姓)	**surname / last name**	서-네임 / 래스트네임
성명	**full name**	푸어네임
성별	**sex**	섹쓰
세관	**customs**	커스텀스
세관검사	**customs inspection**	커스텀스 인스펙션
세관신고서	**customs declaration card**	커스텀스 데클러레이션 카드
	customs declaration form	커스텀스 데크러레이션 풔엄
세금	**duty**	듀리
	import duties tax	임포엇 듀리즈 택스

모르는 말 찾기 (손목시계~이륙)

손목시계	wristwatch	뤼스트와취
수표	check	첵
수화물	carry-on baggage	캐뤼온 배기쥐
	hand luggage(영)	핸 러기쥐
수화물 수탁증	claim tag	클레임택
숙박요금	hotel charge	호테어촤-쥐
술	liquor	리커-
스카프	scarf	스카-프
승객	passenger	패씬쥐-
시가	cigar	씨거-
시간에 맞추다	be in time	비인타임
시차	difference in time	디풔런스 인 타임
	time difference	타임 디풔런스
식사용 간이테이블	tray table	츄뤠이 테이버
신고	declaration	데클러뤠이션
신고하다	declare	디클레어-
싣다	load	로우드
쓰다	write down	롸잇다운
아기 침대	baby bed	베이비 벳
아래에	down / below / under	다운 / 빌로우 / 언더-
아픈	sick	씩
악세서리	accessories	액쎄써뤼스
안내방송	announcement	어나운스먼

172

단어만 말해도 뜻은 통한다!

한국어	영어	발음
앞쪽의	**in the front**	인더프런
약	**medicine**	메러슨
얼마나	**how long**	할롱
에이프런	**apron**	에이프런
여권	**passport**	패쓰포옷
여성	**female**	퓌메이어
연고	**ointment**	오인먼
연결편	**connecting flight**	커넥팅 플라잇
연착	**delay**	딜레이
영수증	**receipt**	뤼씨잇
예방접종증명서	**yellow card**	옐로우카-드
	vaccination certificate	백써네이션 써-티퓌컷
예약	**reservation**	뤠저-베이션
예약하다	**reserve / book**	뤼저-브 / 북
예정체재기간	**expected period of stay**	익쓰펙팃 피어뤼어럽 스떼이
오늘 밤	**tonight**	트나잇
외국의	**abroad / overseas**	어브뤄드 / 오버-시이즈
우유병	**sucking bottle**	써킹 바럴
운반하다	**take / carry**	테익 / 캐뤼
위스키	**whiskey**	위스키
유학(하다)	**study abroad**	스떠디 어브뤄드
유효한	**valid / good**	밸리드 / 긋
이륙	**take-off**	테이커프

모르는 말 찾기 (이름~초콜렛)

이름	first name	풔-스트 네임
이름표	name tag	네임택
이어폰	earphones	이어-풔운즈
이유식	weaning food	위닝 프웃
입국	entry into a country	엔츄뤼 인투어 컨츄뤼
입국심사	immigration	이머그래이션
	passport control	패쓰포웃 컨츄로어
입국카드	disembarkation card	디셈바-케이션 카-드
	landing card	랜딩 카-드
잊다	forget / leave behind	풔-겟 / 리입비하인
자주	often	어픈
작은	small	스모어
잔돈	small change	스모어 췌인쥐
재확인하다	reconfirm	뤼컨풔엄
저기	there	데어-
전날	the day before	더데이 비풔-
절약하다	save / cut down	쎄이브 / 컷다운
정각에	on time / on schedule	온 타임 / 온 스케쥬어
제한하다	limit	리밋
조금	a little	얼리러
조사하다	investigate	인베스티게잇
조종	control	컨츄로어
좌석	seat	씨잇

단어만 말해도 뜻은 통한다!

좌석번호	seat number	씨잇 넘버-
좌석벨트	seat belt	씨잇 베어트
좌석예약	reservation	뤠저-베이션
주소	address	애쥬뤠스
준비	preparation	프뤠퍼뤠이션
준비하다	prepare	프뤼페어-
즉시	immediately	이미리엇리
증명서	certificate	써-티퓌컷
지갑	wallet / purses	월릿 / 퍼-스
지금	now / just now	나우 / 줘스 나우
지폐	bill	비어
지하철	subway	썹웨이
	underground (영국)	언더-그롸운
직업	occupation	아큐페이션
짐	baggage / luggage	배기쥐 / 러기쥐
짐수레	cart	카-엇
착륙	landing	랜딩
창측좌석	window seat	윈도우 씨잇
체재지	place of stay	플레이섭 스떼이
초과요금	excess charge	익쎄스 촤-쥐
	extra charge	엑스츄뤄 촤-쥐
초과하다	exceed	익씨이드
초콜렛	chocolate	촤컬럿

모르는 말 찾기 (최종의~해외)

한국어	영어	발음
최종의	final	파이너
최초의	first / original	풔-스트 / 어뤼쥐너
추운	cold	코울
출국	departure from a country	디파-춰- 프뤄머 컨츄뤼
출입국심사	immigration	이머그뤠이션
	passport control	패스포엇 컨츄로어
출입국카드	embarkation/disembarkation card	임바케이션/디셈바-케이션 카드
출발	departure	디파-춰-
~출신이다	come from ~	컴 프럼
출신지	home nation	호움 네이션
	native country	네이립 컨츄리
취소	cancellation	캔설레이션
취소대기	on(fly) standby	온(플라이) 스탠바이
취소하다	cancel	캔서어
코냑	cognac	코우낙
크기	size	싸이즈
큰	large / large-sized	라-쥐 / 라-쥐싸이즈드
탑승게이트	boarding gate	보어링 게잇
탑승권	boarding pass	보어-링 패스
탑승수속	boarding procedure	보어-링 프뤄씨듀어-
탑승수속하다	check in	췌킨
탑승시간	boarding time	보어-링 타임
탑승안내방송	boarding announcement	보어-링 어나운스먼트

단어만 말해도 뜻은 통한다!

택시승강장	taxi stand	택씨 스탠
택시요금	cab fare	캡 페어-
테이프 레코더	tape recorder	테입 뤼코어-러-
통과	transit	츄랜싯
통과권	transit pass	츄랜짓 패스
통과하다	pass	패스
통로측 좌석	aisle seat	아이어 씨잇
통화	currency	커런씨
통화신고	currency declaration	커런씨 데클뤄뤠이션
트럼프	cards	카-즈
틀린	wrong	렁
티셔츠	T shirts	티 쉬-츠
팔걸이	armrest	아-엄뤠스트
편	flight(비행기의)	플라잇
편지지	stationery	스테이쉬네뤼
필요하다	need / require	니잇 / 뤼콰이어-
한 개분의	for one piece	풔- 완 피이스
~ 한 잔	a glass of ~	어 글래섭
한국어	Korean	커뤼언
한국음식	Korean food	커뤼언 푸웃
항공사	airline	에얼라인
항공운임(요금)	airfare	에어-페어-
해외	abroad	어브뤄어드

177

모르는 말 찾기 (해외로~흡연석)

해외로	abroad / overseas	어브뤄드 / 오버-시이즈
~행	for ~	풔-
향수	perfume	퍼-퓨움
현금	cash	캐쉬
현지시간	local time	로우커 타임
호출버튼	call button	코어 버튼
홍차	tea	티이
화장실	lavatory / toilet	레버러뤼 / 터일렛
	rest room	뤠스트 루움
화장품	cosmetics	카즈메릭스
확인하다	confirm	컨풔엄
휴가	vacation	베이케이션
흡연석	smoking seat	스모우킹 씨잇

모르는 말 찾기

Wordbook 2

숙박

모르는 말 찾기 (가능한~마르다)

한국어	영어	발음
가능한 한 일찍	as soon as possible	애쑤내즈 파써버
가장 싼	the lowest	더 로우이스트
가져오다	bring	브륑
간수하다	keep	키입
개최하다	hold	호울드
걸다	hang	행
걸어서	on foot	안 풋
~경	around ~	어롸운
계단	stairs	스테어-즈
계산원	cashier / accountant	캐쉬어 / 어카운턴트
귀중품	valuables	밸류어버즈
금액	amount	어마운
~까지	until~(시각) / to~(장소)	언티어 / 터
꾸리다	pack	팩
꿰매어 달다	sew	쏘우
끓이다	boil	보이어
나가다	go out of / leave	고우 아우럽 / 리이브
내선 전화	house phone	하우스 풔운
내일	tomorrow	터마로우
내일아침	tomorrow morning	터마로우 모어-닝
냉방	air conditioning	에어- 컨디셔닝
냉수	cold water	코울 워러-
냉장고	refrigerator / fridge	뤼프뤼줘뤠이러- / 프뤼쥐

180

단어만 말해도 뜻은 통한다!

넓은	**wide**(폭이) / **large**(큰)	와이드 / 라-쥐
	broad(넓이가)	브뤄드
누전	**leak**	리익
늦게	**late**	레잇
다른	**another**	어나더-
닦다	**polish** / **wipe**	팔러쉬 / 와입
담요	**blanket**	블랭킷
당일 서비스	**same-day service**	쎄임 데이 써-비스
더러운	**dirty**	더-리
더운	**hot**	핫
도착하다	**arrive at**(좁은 장소)	어라이벗
	arrive in(넓은 장소)	어라이빈
	get to	겟터
돌아오다	**come back**	컴 백
두고 가다	**leave**	리이브
두다	**put**	풋
드라이 클리닝	**dry cleaning**	쥬라이 클리이닝
드러눕다	**lie (down)**	라이(다운)
들어가다	**go into**	고우 이너
~딸린	**with ~**	위드
로비	**lobby**	라비
룸 서비스	**room service**	루움 써-비스
마르다(말리다)	**dry**	쥬라이

모르는 말 찾기 (막힌~3층)

한국어	영어	발음
막힌	clogged	클라그드
망가지다(고장나다)	be broken (망가진)	비브뤄큰
	doesn't work (고장난)	더즌 워억
맡기다	check	첵
맡다	keep	키입
머물다	stay	스떼이
메이드	maid	메잇
모닝콜	wake-up call	웨이컵 커어
모레	the day after tomorrow	더 데이 애프터- 터마로우
모텔	motel	모우테어
목욕	bath	배쓰
목욕 타월	bath towel	배쓰 타우어
목욕하다	take a bath	테이커 배쓰
물꼭지	faucet	풔어싯
미용실	beauty salon	뷰리 썰란
	hairdresser's (영국)	헤어-쥬뤠써어즈
미지근한	not hot enough	낫 핫 이넙
민박	private lodging	프라이빗 라징
바꾸다	change	췌인쥐
방 번호	room number	루움 넘버-
베개	pillow	필로우
벨보이	bellboy / bellhop	베어보이 / 베어합
벨 캡틴	bell captain	베어 캡틴

단어만 말해도 뜻은 통한다!

별관	annex	애넥스
별장	cottage	카리쥐
보내다	send	센
보다	see	씨이
복도	hall	호어
본관	main building	메인 비어딩
부가가치세	value added tax(VAT)	밸류 애릿 택스
부드러운	soft	소프트
부르다	call	커어
불만이 있다	be dissatisfied	비 디새리즈퐈잇
불편한	inconvenient	인컨비니언
	be uncomfortable	비 언칸풔-러버
비상 계단	emergency stairway	이머-전시 스떼어-웨이
비상구	emergency exit	이머-전시 엑짓
비상벨	alarm bell	얼라엄 베어
비슷한	similar	씨밀러-
비싼	expensive	익스펜씹
빈	unoccupied / vacant	어나큐파잇 / 베이컨
빈 방	vacant room	베이컨 루움
	room available	루움 어베일러버
3인실	triple room	츄뤼퍼 루움
3층	third floor	떠-드 플로어-
	second floor(영국)	쎄컨 플로어-

모르는 말 찾기 (사용하다~여행자수표)

사용하다	use	유즈
상가	shopping arcade	샤핑 아-케잇
상의	jacket	좨킷
새다	leak	리익
생각하다	think	띵크
샤워	shower	샤우어-
서명하다	sign	싸인
세면기	washbasin	워쉬베이슨
세면 도구	toilet articles	토일릿 아-리커즈
세탁	cleaning / wash	클리닝 / 워쉬
세탁(물)	laundry	런쥬뤼
세탁 서비스	laundry service	런쥬뤼 써-비스
세탁하다	wash	워쉬
속옷	underwear	언더-웨어-
손톱깎이	nail clippers	네이어 클리퍼-스
수건	towel	타우어
수선하다	mend	멘
숙박	stay	스테이
숙박하다	lodge / stay	라쥐 / 스테이
숙박 시설	accommodation	어카머데이션
숙박요금	room rate	루움 뤠잇
숙박 카드	registration form	뤠쥐스츄뤠이션 풔-엄
시끄러운	noisy	노이지

단어만 말해도 뜻은 통한다!

시내 통화	**local call**	로우커 커어
시 중심에 있는	**in the city center**	인더씨리 쎄너-
시트	**sheet**	쉬잇
식당	**dining room**	다이닝 루움
식사대 별도	**room only**	루움 오운리
	European plan	유뤄피언 플랜
식사 요금	**restaurant charge**	뤠스터런 촤아-쥐
실수하다	**mistake**	미스테익
싼	**cheap**	취입
쓰다	**write**	롸잇
아침식사 제공	**breakfast only**	브렉풔스트 오운리
	Continental plan	카너네너어 플랜
안전 금고	**safety box**	쎄이프티 박스
알람	**alarm**	얼라엄
알리다	**tell**	테어
언제라도	**any time**	애니타임
얼음	**ice cubes**	아이스 큐웁스
~에 가까운	**near ~**	니어-
에스컬레이터	**escalator**	에스컬레이러-
에어컨	**air-conditioner**	에어-컨디셔너-
에어콘 달린	**air-conditioned**	에어-컨디션드
엘리베이터	**elevator**	엘러베이러-
여행자수표	**traveler's check**	츄뤠블러-즈 첵

185

모르는 말 찾기 (연기하다~전망)

한국어	영어	발음
연기하다	postpone	포우스포운
연장하다	extend	익스텐
연회장	banquet hall	뱅킷 호어
열다	open	어펀
열쇠	key	키이
영수증	receipt	뤼씨잇
예비침대	extra bed	엑스츄뤄 벳
예약	reservation	뤠저-베이션
예약하다	reserve	뤼저업
	make a reservation	메이커 뤠저-베이션
오늘	today	트데이
오늘 밤	tonight	트나잇
오늘 오후	this afternoon	디새프터-누운
온도	temperature	템퍼뤄취-
온수	hot water	핫 워러-
와이셔츠	(dress) shirt	(쥬뤠스) 셔엇
외출하다	go out	고우 아웃
요금	price / rate	프롸이스 / 뤠잇
욕실	bathroom	배쓰루움
운반하다	carry	캐뤼
유스 호스텔	youth hostel	유우쓰 하스터
음료수	drinking water	쥬륑킹 워러-
의복	clothes	클로우즈

단어만 말해도 뜻은 통한다!

이름	name	네임
이불	quilt / comforter	퀴어트 / 컴풔-러-
2인실	twin room(트윈베드)	트윈 루움
	double room(더블침대)	더버 루움
2층	second floor	쎄컨 플로어-
	first floor(영국)	풔-스 플로어-
일등의	first-class	풔-스트 클래스
1박 더	one more night	원모어- 나잇
1박에	per night	퍼-나잇
1인실	single room	씽거 루움
일찍	early	어얼리
1층	first floor	풔-스 플로어-
	ground floor(영국)	그라운 플로어-
이해하다	understand	언더스탠
임대 별장	villa to let	빌러 털렛
잊다	forget / leave	풔-겟 / 리이브
자다	sleep	슬리입
잘못 알다	misunderstand	미선더-스탠
잠이 깨다(깨우다)	wake / wake up	웨익 / 웨이컵
장거리 전화	long distance call	롱 디스턴스 커어
재떨이	ashtray	애쉬츄뤠이
전등	electric light	일렉츄륔 라잇
전망	view	뷰우

모르는 말 찾기 (전망 좋은~호텔내의)

한국어	영어	발음
전망 좋은	with a nice view	위더 나이스 뷰우
전압	voltage	보우어티쥐
접객담당자	concierge	칸씨에어-쥐
	assistant manager	어씨스턴 매니줘-
접수	reception	뤼셉션
조명	light	라잇
조용한	quiet	콰이엇
조절하다	regulate	뤠귤레잇
좋은	good / fine	귿 / 퐈인
주문하다	order	어-러-
주의하다	be careful	비 캐어-풔
즉시	at once	앳 원스
지금	now	나우
지배인	manager	매니줘-
지하	basement	베이스먼
지하1층	first basement	풔-스 베이스먼
지하2층	second basement	쎄컨 베이스먼
직무	duty	듀리
참다	endure / stand	인듀어- / 스탠
청구서	bill / invoice	비어 / 인보이스
체재하다	stay	스떼이
체크아웃	check-out	췌카웃
체크인	check-in	췌킨

단어만 말해도 뜻은 통한다!

추운(차가운)	cold	코울
출발하다	leave / start	리이브 / 스타앗
충분하다	be enough	비 이넙
층	floor	플로어-
켜다	be lighted / work	빌라이릿 / 워억
콘도	condominium	칸더미니엄
콘센트	outlet	아울렛
택시로	by taxi	바이 택씨
튀긴	fried	프라이드
편리한	convenient	컨비니언
편지봉투	envelope	엔벌로웁
편지지	letter paper	레러- 페이퍼-
편한	be comfortable	비 캄풔-러버
	be cozy	비 코우지
	feel at home	퓌일럿 호움
포터	porter	포어-러-
풀다	unpack	언팩
프론트	front desk	프런 데스크
하루 일찍	one day earlier	원 데이 어얼리어-
할인 요금	reduction rate	뤼덕션 뤠잇
현관	front door	프런 도어-
호텔	hotel	호우테어
호텔 내의	in the hotel	인 더 호테어

모르는 말 찾기 (호출~휴대품 보관소)

한국어	영어	발음
호출	**paging**	페이징
화장실	**toilet / rest room**	토일릿 / 뤠스트 루움
환기가 안되는	**be badly ventilated**	비 뱃리 베널레이릿
확인서	**confirmation slip**	컨풔-메이션 슬립
환풍기	**electric fan**	일랙츄릭 홴
회의실	**meeting room**	미링 루움
회의장	**convention hall**	컨벤션 호어
휴대품 보관소	**cloakroom**	클로욱 루움

모르는 말 찾기

Wordbook 3
식사

메뉴 읽기 (조리법·전채)

조리법

한국어	영어	발음
갈아서 으깬	mashed	매쉬트
거품을 낸	whipped	윕트
구운	baked(오븐에)	베이크트
	broiled(판 위에)	브뤄일드
	grilled(석쇠(그릴)에)	그륄드
	roast(화덕(불)에)	뤄우스트
껍질을 벗긴	peeled	피일드
날것의	raw	뤄
녹인	melted	메어팃
뫼니에르의	meunière(밀가루 발라 버터구이한)	머녜어-
바베큐	barbecued(불에 직접)	바-비큐드
빵가루를 입힌	breaded	브뤠릿
부친(살짝 튀긴)	sautéed	소테잇
삶은	simmered / boiled	씨머-드 / 보일드
섞은	mixed	믹스트
설 구운	rare(스테이크)	뤠어-
속을 채운	stuffed	스터프트
스튜로 한	stewed	스튜드
식초를 가미한	vinegared	비니거-드
얇게 썬	sliced	슬라이스트
얇게 저민	cutlet	컷릿

단어만 말해도 뜻은 통한다!

얼린	frozen	프뤄즌
예쁘게 장식한	dressed	쥬뤠스트
잘 구운	well-done(스테이크)	웨어던
저민	hashed	해쉬트
주사위 모양을 낸	diced	다이스트
중간 쯤 구운	medium(스테이크)	미리엄
찐	steamed	스티임드
차게 한	chilled	취어드
크림 형태로 한	creamed	크리임드
튀긴	fried(기름에)	프라이드
훈제한	smoked	스모우크트

전 채 Appetizer 애퍼라이저-

멸치	anchovy	앤초우비
냉육 모듬	assorted cold meat	어쏘어릿 코울 미잇
카나페	canape(빵에 캐비어, 치즈 등을 얹음)	캐너피
캐비어	caviar	캐비어-
치즈	cheese	취이즈
칵테일	cocktail	칵테이어
새우	shrimp	쉬륌

메뉴 읽기 (전채·수프·육류)

굴	**oyster**	오이스터-
계란 마요네즈 무침	**egg mayonnaise**	엑 메이어네이즈
햄	**ham**	햄
청어 샐러드	**herring salad**	헤링 샐럿
훈제 연어	**smoked salmon**	스모욱트 새먼
살라미 소시지	**salami**	썰라아미
소시지	**sausage**	써어씨쥐
터린	**terrine**	터뤼인

수프 *Soup* 숩

쇠꼬리 수프	**oxtail soup**	악스테이어 수웁
스카치 브로스	**Scotch broth**	스카취 브뤄쓰
(양고기·야채 보리로 만든 진한 수프)		
야채 수프	**vegetable soup**	베줘러버 수웁
오늘의 수프	**soup of the day**	수우펍 더 데이
치킨 크림 수프	**cream of chicken soup**	크뤼멉 취킨 수웁
콩소메	**consomme**(맑은 수프)	칸서메이
토마토 수프	**tomato soup**	터메이로우 수웁
포타즈	**potage**(진한 수프)	퍼어타아쥐

단어만 말해도 뜻은 통한다!

육류 Meats 미이츠

한국어	영어	발음
거위 고기	goose	구우스
닭고기	chicken	취킨
돼지고기	pork	포억
등심	sirloin	써어-로인
등심 스테이크	sirloin steak	써어-로인 스테익
메추라기 고기	quail	퀘이어
베이컨	bacon	베이컨
비둘기 고기	pigeon	피전
새끼 양고기	lamb	램
송아지 고기	veal	비어
쇠고기	beef	비입
양고기	mutton	머른
오리고기	duck	덕
칠면조 고기	turkey	터-키
텐더로인	tenderloin	텐더-로인
티본	T-bone	티이 보운
필레	fillet (소·돼지의 최고급 살)	퓔레이
햄	ham	햄

메뉴 읽기 (해산물·야채)

해산물 *Seafood* 씨이프웃

가다랭이	bonito	버니이로우
가리비	scallop	스칼럽
가자미	brill / turbot (유럽산)	브뤼어 / 터어-벗
	plaice	플레이스
게	crab	크랩
고등어	mackerel	매크뤄어
굴	oyster	오이스터-
꼬치고기	pike	파익
농어	bass (북미산) / perch (유럽산)	배스 / 퍼어-취
대구	cod / haddock	캇 / 해럭
대합조개	clam	클램
모시조개	Short-necked clam	쇼엇 넥트 클램
무지개 송어	rainbow trout	뤠인보우 츄롸웃
바다가제	lobster	랍스터-
생선	fish	퓌쉬
송어	trout	츄롸웃
연어	salmon	쌔먼
오징어	squid	스퀏
작은 새우	shrimp	쉬륌
전복	abalone	애벌로우니
정어리	sardine	싸-딘

단어만 말해도 뜻은 통한다!

조개	**Shellfish**	쉐어퓌쉬
참새우	**prawn**	프런
참치	**tuna**	튜너
청어	**herring**	헤륑
큰 넙치	**halibut**	핼러벗
혀가자미	**sole**	쏘우어

야채 Vegetable 베쥐러버

가지	**eggplant**	엑플랜
감자	**potato**	퍼테이로우
강낭콩	**kidney bean**	킷니 비인
고추	**red pepper**	렛 페퍼-
당근	**carrot**	캐럿
무	**radish**	로니디쉬
밤	**chestnuts**	췌스너츠
밥, 쌀	**rice**	롸이스
버섯	**mushroom**	머쉬루움
부추	**leek**	리익
살구	**apricots**	애프뤄카츠

메뉴 읽기 (야채·디저트·드레싱)

한국어	영어	발음
셀러리	celery	쎌러뤼
시금치	spinach	스피니취
아몬드	almonds	아먼즈
아보카도	avocado	애버카아로우
아스파라거스	asparagus	어스패뤄거스
양배추	cabbage	캐비쥐
양상추	lettuce	레리스
양파	onion	어니언
오이	cucumber	큐컴버-
완두콩	peas	피이즈
코코넛	coconut	코우커넛
콜리프라워	cauliflower	컬리플라우어-
토마토	tomato	터메이로우
파슬리	parsley	파-슬리
피망	green pepper	그륀 페퍼-
호두	walnuts	워어너츠
호박	pumpkin	펌킨

단어만 말해도 뜻은 통한다!

디저트 Dessert 디저-트

무스	mousse(거품을 낸 크림과자)	무스
사바랭	savarin(스폰지 케익류)	새버륀
선데이	sundae(과일, 과즙을 얹은 아이스크림)	썬디
셔벗	sherbet	셔-벗
수플레	souffle	수우플레이
슈크림 빵	cream puffs	크뤼임 펍스
아이스크림	ice cream	아이스 크뤼임
애플파이	apple pie	애퍼 파이
젤리	jello	젤로우
케익	cake	케익
타트	tart(과일이 든 파이)	타앗
푸딩	pudding	푸링
프리터	fritter(과일(고기) 튀김)	프뤼러-

드레싱 Dressing 쥬뤠싱

블루 치즈 드레싱	blue cheese dressing	블루우 취이즈 쥬뤠싱
사우전드 아일런드 드레싱	Thousand Island dressing	따우전 아일런 쥬뤠싱
이탈리안 드레싱	Italian dressing	이탤리언 쥬뤠싱
프렌치 드레싱	French dressing	프렌취 쥬뤠싱

메뉴 읽기 (과일·샐러드·조미료)

과일 Fruit 프루웃

한국어	영어	발음
구스베리	gooseberries	구스베리즈
귤	tangerine	탠줘뤼인
나무딸기	raspberries	래즈베리즈
대추야자 열매	dates	데이츠
딸기	strawberries	스츄뤄베뤼즈
레몬	lemon	레먼
망고	mango	맹고우
메론	melon	멜런
무화과	figs	픽스
바나나	banana	버내너
배	pear	페어-
복숭아	peach	피이취
사과	apple	애퍼
살구	apricots	애프뤼카츠
수박	watermelon	워러-멜런
오렌지	orange	어륀쥐
자몽	grapefruit	그뤠입프르웃
체리	cherries	췌뤼즈
키위 프르츠	kiwi-fruit	키위프르웃
파인애플	pineapple	파인애퍼
파파야	papaya	퍼파여
포도	grapes	그뤠입스

단어만 말해도 뜻은 통한다!

샐러드 Salads 샐럿

따뜻한 샐러드	**warm salad**	워엄 샐럿
셰프 샐러드	**chef's salad**	셉 샐럿
아보카도 샐러드	**avocado salad**	애버카로우 샐럿
양상추 샐러드	**lettuce salad**	레리스 샐럿
야채 샐러드	**green salad**	그뤼인 샐럿
해산물 샐러드	**seafood salad**	씨이프웃 샐럿

조미료 Seasoning 씨이즈닝

간장	**soy sauce**	쏘이 쏘오스
겨자	**mustard**	머스터-드
마요네즈	**mayonnaise**	메이어네이즈
버터	**butter**	버러-
서양고추냉이	**horse radish**	호어-스 래리쉬
설탕	**sugar**	슈가-
소금	**salt**	써엇
식초	**vinegar**	비니거-
올리브 기름	**olive oil**	알리보이어
우스터 소스	**Worceter sauce**	우스터- 쏘오스
케첩	**ketchup**	케첩
타바스코 소스	**Tabasco**	터배스코우
후추	**pepper**	페퍼-

식사

201

메뉴 읽기 (식전주·음료·와인)

식전주 *Aperitif* 아페뤄티입

다이커리	**daiquiri**(럼과 레몬의 칵테일)	다이커뤼
마티니	**martini**	마티니
맥주	**beer**	비어-
맨해튼	**manhattan**	맨해른
버번 위스키	**bourbon**	버-번
베르무트	**vermouth**(약초 향을 가미한 백포도주)	버-무우쓰
샴페인	**champagne**	쇔페인
세리주	**sherry**(남스페인 산 백포도주)	셰뤼
스카치	**Scotch**	스카취
위스키	**whiskey**	위스키
진저앨	**ginger ale**	쥔줘뤠이어
진토닉	**gin and tonic**	쥐넌 타닉
칵테일	**cocktail**	칵테이어

음료 *Drink* 쥬륑크

녹차	**green tea**	그뤼인 티이
레모네이드	**lemonade**	레머네잇
브랜디	**brandy**	브랜디
비엔나 커피	**vienna coffee**	비에너 커퓌

단어만 말해도 뜻은 통한다!

아일리쉬 커피	Irish coffee	아이어뤼쉬 커퓌
에스프레소	espresso	에스프뤠소우
카페오레	Café au lait	캐페이오울레이
카푸치노	cappuccino	캐퍼취노우
커피	coffee	커퓌
코코아	cocoa	코우코우
핫 초콜렛	hot chocolate	핫 최컬럿
홍차	tea	티이

와인 Wine 와인

Alsace 애어쌔스 — 쌉쌀한 백포도주
Riesling 뤼즐링 — 과일 향이 많은 라인산 백포도주
Chateau 쉐토우 — 부드러운 맛의 샤토 적포도주
Graves 그라브 — 부드러운 맛의 쌉쌀한 그라브산 백포도주
Medoc 메이닥 — 쌉쌀한 메도크산 적포도주
Beaujolais 보우절레이 — 과일 맛의 보졸레산 적포도주
Chablis 쉐블리이 — 담백한 맛의 샤블리산 백포도주
Macon 메이큰 — 순한 맛의 프랑스 적포도주
Champagne 쌈페인 — 거품이 이는 발효 백포도주

모르는 말 찾기 (간단한 식사~식당)

간단한 식사	snack	스낵
간이식당	diner	다이너-
건네주다	pass	패스
곁들임 요리	side order	싸잇 어-러-
과음하다	drink too much	쥬링 투우 머취
구석의	in the corner	인 더 코어-너-
급사장	head waiter	헷웨이러-
나이프	knife	나이프
날것인	raw / uncooked	뤄 / 언쿡트
냅킨	napkin	냅킨
단	sweet	스위잇
달아놓다	charge	차-쥐
담배를 피우다	smoke	스모욱
담백한	plain	플레인
더	more	모어-
따로따로	separately	쎄퍼럿리
뜨거운	hot	핫
마시다	drink	쥬링크
맛없는	tasteless	테이스트리스
맛있는	sweet / nice	스위잇 / 나이스
	good / delicious	귿 / 딜리셔스
매운	hot / pungent	핫 / 펀전
먹다	eat / have	이잇 / 해브

단어만 말해도 뜻은 통한다!

한국어	영어	발음
메뉴	menu	메뉴
모듬의	assorted	어쏘어릿
무설탕인	sugar-free	슈거-프뤼이
무소금의	salt-free	쏘얻 프뤼이
무탄산인	uncarbonated	언카-버네이릿
묽은	thin / weak	띤 / 위익
바	bar	바-
바텐더	bartender	바-렌더-
반숙인	soft-boiled	소프트 보일드
받침 접시	saucer	쏘써-
버터용 나이프	butter knife	버러- 나이프
봉사료	cover charge	커버- 촤-쥐
비싼	expensive / high	익스펜씹 / 하이
비어 있는	unoccupied	어나큐파잇
뼈가 붙은	boned	보운드
섞은	mixed	믹스트
선술집	bistro	비스츄뤼우
소화가 안되다	lie heavy	라이 헤비
소화가 잘되는	digestible	다이줴스터버
순한	mild / soft	마이어 / 소프트
스푼	spoon	스푸운
식다	get cold	겟 코울
식당	restaurant	뤠스터런

모르는 말 찾기 (식사~커피숍)

식사	**meal**	미어
식히다	**cool**	쿠우어
신	**sour**	싸우어-
쌉쌀한	**dry**(술 등이 단 맛이 없는)	쥬롸이
쓴	**bitter**(맛이)	비러-
아침겸 점심식사	**brunch**	브런취
아침식사	**breakfast**	브렉풔스트
양이 적은	**light**	라잇
얼린	**frozen**	프뤄즌
엎지르다	**spill**	스피어
연한	**tender**(고기가)	텐더-
영업중인	**open**	어펀
예약석	**reserved table**	뤼저-브드 테이버
예약하다	**reserve**	뤼저-브
완숙으로 삶은	**hard-boiled**	하앗 보일드
요리	**cuisine / dish**	퀴지인 / 디쉬
웨이터	**waiter**	웨이러-
웨이트리스	**waitress**	웨이츄뤼스
일품요리	**a la carte**	알라카앗
잔	**glass / cup**	글래스 / 컵
잘 알려진	**common**	카먼
재떨이	**ashtray**	애쉬 츄뤠이
저녁식사	**dinner**	디너-

단어만 말해도 뜻은 통한다!

전부	**altogether**	어트게더-
점심식사	**lunch**	런취-
접시	**plate**	플레잇
젓가락	**chopsticks**	찹스틱스
정식	**table d'hote**	타아버 도웃
	set menu	셋 메뉴
정장인	**formal**	풔-머어
조용한	**quiet**	쿠아이엇
주문(하다)	**order**	어-러-
즉시	**right away**	롸이러웨이
즙이 많은	**juicy**	쥬우씨
지방 특산요리	**local food**	로우커어 프웃
지불하다	**pay**	페이
질긴	**tough**(고기 등이)	터프
집다	**pass / take**	패스 / 테익
짠	**salty**	쏘어티
찬	**chilled / cold**	취어드 / 코울
창문 쪽	**by the window**	바이더 윈도우
취소하다	**cancel**	캔써어
치우다	**clear off**	클리어뤄프
카운터	**counter**	캬우너-
카페테리아	**cafeteria**	캐풔티어뤼어
커피숍	**coffee shop**	커퓌 샵

모르는 말 찾기 (톡쏘는~필요하다)

톡 쏘는	**tangy**	탱쥐
테이크 아웃	**take-out**	테이카웃
포크	**fork**	풔억
포함하다	**include**	인클루우드
필요하다	**need**	니잇

모르는 말 찾기

Wordbook 4
전화·우편

모르는 말 찾기 (개봉하다~사용하다)

한국어	영어	발음
개봉하다	open	어펀
겉봉(주소·번지)	address	애쥬뤠스
계절 인사말	seasonal greeting	시이즈너어 그뤼링
고무풀 테이프	gummed tape	검 테입
고장이다	be out of order	비 아우러버-러-
공중전화	public telephone	퍼블릭 텔러풔운
	pay phone	페이풔운
교환	operator	아퍼뤠이러-
국가번호	country code	컨츄리 코우드
국외전보	overseas telegram	오우버-씨이즈 텔러그램
국제적인	international	이너-내셔너어
국제전화	international call	이너-내셔너어 커어
	overseas call	오우버-씨이 커어
그림엽서	picture postcard	픽춰- 포우스카-드
기본요금	basic rate(charge)	베이식 뤠잇(베이식 챠-쥐)
긴급통화	emergency call	이머-전씨 커어
글자당 요금	charge per word	챠-쥐 퍼-워-드
꼬리표	label	레이버
끊기다	be cut off	비커럽
나중에	later	레이러-
날짜	date	데잇
내선	extension	익스텐션
내용(물)	contents	칸텐츠

210

단어만 말해도 뜻은 통한다!

늦어지다	be delayed	비딜레잇
~당	per ~	퍼-
대표전화	main number	메인 넘버-
	pilot number	파일럿 넘버-
동전반환레버	coin-release lever	코인 륄리스 레버-
동전투입구	slot	슬랏
등기	registered mail	뤠지스터-드 메일
미안합니다	I'm sorry.	암쎠뤼
발신인	addresser	어드레써-
배달	delivery	딜리버뤼
배달 불능 우편물	dead letter	뎃 레러-
배달하다	deliver	딜리버
발송인	sender	쎈더-
발송인 주소	return address	뤼터언 애쥬뤠스
번호통화	station call	스테이션 커어
보내다	send	쎈
보험	insurance	인슈어런스
봉투	envelope	엔벌로웁
부재	absence	앱슨스
빠른 우편	Express Mail	익스프뤠스 메이어
사서함	post-office box(P.O.Box)	포우스터퓌스 박스
	call box	커어 박스
사용하다	use	유우즈

모르는 말 찾기 (상대방~울리다)

상대방	party	파-리
서적 우편요금	book rate	북 뤠잇
선편	surface(sea) mail	써-퓌스(씨이) 메이어
세관신고서	customs declaration form	커스텀스 데클러뤠이션 풔-엄
소인	postmark	포우스 마악
소포	parcel	파-써어
속달	express	익스프레스
	special delivery	스페셔어 딜리버뤼
	express letter (영국)	익스프레스 레러-
수령하다	receive / get	리씨입 / 겟
수취인	receiver	뤼씨이버-
수화기	receiver	뤼씨이버-
시내통화	local call	로우커어 커어
시외국번	area code	에어뤼어 코우드
시외통화	long distance call	롱 디스턴스 커어
	trunk call (영국)	츄렁 커어
신용카드 통화	credit card call	크뤠릿 카-드 커어
실례합니다	Excuse me.	익스큐스미
안부를 묻다	inquire after	인콰이어- 애프터-
알아 듣다	catch	캣취
어디	where	웨어-
~에게	to ~	투
여보세요	hello	헬로우

212

단어만 말해도 뜻은 통한다!

연결	**contact / connection**	칸택 / 커넥션
연결하다	**connect**	커넥
엽서	**postcard**	포우스카-드
외선	**outside call**	아웃싸잇 커어
외출중인	**be out**	비아웃
요금	**price / charge / fee**	프라이스 / 촤-쥐 / 퓌이
요금 수신자부담 통화	**collect call**	컬렉 커어
	reserved charge call(영국)	뤼저-브드 촤-쥐 커어
요전날	**the other day**	디아더- 데이
요청서	**a letter of request**	얼레럽 뤼퀘스트
우송료	**postage**	포우스티쥐
우송하다	**mail / post**	메이어 / 포우스트
우체국	**post office**	포우스터퓌스
우체통	**mailbox**	메이어박스
우편	**mail / post**(영국)	메이어 / 포우스트
우편번호	**zip code**	집 코웃
	post code(영국)	포우스터 코웃
우편엽서	**post card**	포우스 카-드
우편요금	**postage**	포우스티쥐
우편환	**money order**	머니 오어-러-
우표	**stamp**	스탬
	postage stamp	포우스티쥐 스탬
울리다	**ring**	륑

모르는 말 찾기 (위탁하다~통화하다)

한국어	영어	발음
위탁하다	charge	촤-쥐
의류	clothes	클로우즈
e메일(전자우편)	e-mail	이-메일
e메일 주소	e-mail address	이-메일 어쥬레스
인쇄물	printed matter	프륀닛 매러-
자동판매기	vending machine	벤딩 머쉰
잘못 걸다	get the wrong	겟더렁
잠깐	a minute / a moment	어미닛 / 어모우먼
장거리전화	long distance call	롱 디스턴스 커어
전문(전보의)	message	메씨쥐
전부	all	어
전보	telegram	텔러그램
전보요금	telegram charge	텔러그램 촤-쥐
전신	telegraph / wire cable	텔러그랲 / 와이어-케이버
전신환	telegraphic remittance	텔러그래픽 뤼이런스
전하다	hand	핸
전화	telephone	텔러풔운
전화번호	phone number	풔운 넘버-
전화번호부	telephone directory(개인별) Yellow Pages(직업별)	텔러풔운 딜렉터뤼 엘로우 페이쥐
전화번호 안내	directory assistance	디렉터뤼 어서스턴스
전화를 걸다	call	커어

214

단어만 말해도 뜻은 통한다!

전화를 끊다	hang up	행업
전화요금	phone charge	풔운 차-쥐
전화카드	telephone card	텔러풔운 카드
전화회선	telephone circuit	텔러풔운 써-킷
정확히	correctly	커렉리
조사하다	check	첵
중량	weight	웨잇
중량제한	weight limit	웨잇 리밋
지급으로	immediately	이미리엇리
	as soon as you can	애쑤내쥬캔
지급의	immediate / urgent	이미리엇 / 어-전
지급전보	urgent	어-전
지명통화	person-to-person call	퍼-슨 터 퍼-슨 커어
지불하다	pay	페이
지역번호	area code	에어뤼어 코웃
직통	directly	즈렉리
추가요금	extra charge	엑스츄뤼 차-쥐
취급주의	handle with care	해너어 윗 캐어-
통지	message	메씨쥐
통지하다	tell	테어
통화중	busy / engaged (영국)	비지 / 인게이쥐드
통화중인	be busy	비 비지
통화하다	speak / talk to	스피익 / 톡 터

215

모르는 말 찾기 (틀린~회송주소)

틀린	**wrong**	렁
파손 주의	**fragile**	프래저어
팩스	**facsimile**	펙씨멀리
편지	**letter**	레러-
편지지	**letter paper**	레러- 페이퍼-
풀	**paste / glue**	페이스트 / 글루우
한번 더	**again**	어갠
항공우편	**aerogram**	에어뤄그램
항공편	**airmail**	에어-메이어
핸드폰	**cellular phone**	셀룰러 풔운
	cellphone	셀풔운
혼선	**bad connection**	뱃 커넥션
회송 주소	**forwarding address**	풔-워-딩 애쥬뤠스

모르는 말 찾기

Wordbook 5

교 통

모르는 말 찾기 (가능한 한~기다리다)

한국어	영어	발음
가능한 ~	as ~ as possible	애스 애즈 파써버
가다	go / run	고우 / 런
가로등	streetlight	스츄뤼잇 라잇
가솔린	gasoline	개설리인
갈라지다	split up	스플리럽
갈아타다	transfer	츄랜스퍼-
	change trains	췌인쥐 츄뤠인즈
갑판	deck	덱
거리	distance	디스턴스
거리(街)	street	스츄뤼잇
거스름돈	change	췌인쥐
건물	building	빌딩
걸어서	on foot	온 풋
~경유하여	via ~ / by way of ~	바이어 / 바이 웨이업
경적	klaxon / horn	클랙슨 / 호언
계약금	deposit	디파짓
고속도로	express way	익스프레스 웨이
	freeway	프뤼이웨이
	motorway (영국)	모러-웨이
고장	trouble / breakdown	츄뤼버 / 브뤠익다운
	damage	대미쥐
고장나다	break down	브뤠익 다운
골목길	alley	앨리

단어만 말해도 뜻은 통한다!

한국어	영어	발음
관광버스	sightseeing bus	싸잇씨잉 버스
교차로	crossing / intersection	크라씽 / 이너-쌕션
교통	traffic	츄래픽
교통기관	transportation	츄랜스포어-테이션
교통법규	traffic regulations	츄래픽 뤠귤레이션스
교통사고	traffic accident	츄래픽 액써런
교통체증	traffic jam	츄랙픽 잼
구간	portion	포어-션
구명대	float	플로웃
구명 재킷	life jacket	라입 좨킷
국내선	domestic airline	더메스틱 에얼라인
국도	national road	내셔너어 뤼우드
국제선	international airline	이너-내셔너어 에얼라인
국제운전면허증	International Driving Permit	이너-내셔너어 쥬롸이빙 퍼-밋
균일 요금	flat rate	플랫 뤠잇
근처	near / around here	니어- / 어롸운 히어-
금연석	non-smoking seat	난스모우킹 씨잇
급행열차	express train	익스프레스 츄뤠인
	limited express train	리미릿 익스프레스 츄뤠인
급행요금	express charge	익스프레스 차-쥐
기관(엔진)	engine	엔쥔
기관차	engine car / locomotive	엔쥔 카- / 로우커모우립
기다리다	wait	웨잇

모르는 말 찾기 (기장~무궤도 전차)

기장	**captain**	캡틴
기차역	**railroad station**	뤠이어뤄웃 스테이션
	railway station(영국)	뤠일웨이 스테이션
기항지	**port of call**	포어-럽 커어
난방	**heating**	히이링
내리다	**get off**	게러프
냉방	**air-conditioning**	에어-컨디셔닝
노선	**route**	루웃
노선도	**route map**	루웃 맵
놓치다	**miss**	미스
누르다	**push**	푸쉬
느린	**slow**	슬로우
늦다	**be late**	빌레잇
다음	**next**	넥스트
~당	**per ~**	퍼-
대로	**main street**	메인 스츄뤼잇
	avenue / boulevard	애버뉴우 / 불러버-드
대체편	**alternation flight**	얼터-네이션 플라잇
대합실	**waiting room**	웨이링 루움
대형차	**large sized car**	라-쥐 싸이즈드 카-
도로	**road**	뤄우드
도로지도	**road map**	뤄우드 맵
도로표지	**street sign**	스츄뤼잇 싸인

단어만 말해도 뜻은 통한다!

도중 하차	stopover	스탑오우버-
도착	arrival	어라이버어
도착하다	arrive / get to	어라이브 / 겟터
뒤쪽에	in the back	인더백
뒷좌석	rear seat	뤼어-씨잇
	seat in the back	씨잇 인더백
드럽업 요금	drop-off charge (사용 후 현장에 둠)	츄랍오프 촤-쥐
렌터카	rent-a-car	뤠너카-
로터리	rotary / traffic circle	뤄우러뤼 / 츄래픽 써-커
	round-about (영국)	롸운더바웃
마지막	last	래스트
마지막 열차	last train	래스츄뤠인
막다른 골목	dead end	데렌
만원인	full	푸어
매 ~	every ~	에브뤼
매일	every day / daily	에브뤼데이 / 데일리
매점	kiosk	키이아스크
매표소	ticket counter	티킷 캬우너-
먼	far / far away	퐈- / 퐈뤄웨이
모노레일	monorail	마노우뤠이어
모퉁이	corner	코어-너-
목적지	destination	데스터네이션
무궤도 전차	trolley	츄랄리

모르는 말 찾기 (무료인~승선하다)

무료인	free	프뤼이
무효	invalid	인밸릿
아메리패스	Ameripass(버스이용권)	애머뤼패스
미국철도회사	Amtrak	앰츄랙
바가지 요금	overcharge	오우버- 촤-쥐
발행하다	issue	이슈우
방향	direction	즈렉션
배	ship	쉽
배로	by sea	바이 씨이
배멀미	seasick	씨이씩
배서	endorsement(먼저 항공사의 승인을 받음)	인도어-스먼
버스	bus	버스
버스노선	bus line	버스 라인
버스요금	bus fare	버스 페어-
버스정류장	bus stop	버스 탑
버스터미널	bus depot	버스 디이포우
	bus terminal	버스 터-머너어
번화가	downtown	다운타운
변경하다	change	췌인쥐
보증금	deposit	디파짓
보통석	economy-class	이카너미 클래스
보통열차	local train	로우커 츄웨인
보통운임	normal fare	노어-머어 페어-

단어만 말해도 뜻은 통한다!

보험	insurance	인슈어런스
부정기적인	irregular	이뤠귤러-
블록	block	블락
비어 있는	unoccupied / vacant	어나큐파잇 / 베이컨
비용이 들다	cost	커스트
비즈니스석	business class	비지니스 클래스
비행기로	by air	바이 에어-
빈 좌석	vacant seat	베이컨 씨잇
빈 차	for hire / vacant	풔-하이어- / 베이컨
빨리	fast	패스트
4륜 구동차	four wheel drive car	풔어-위어 쥬롸입 카-
서다	stop	스탑
서두르다	hurry	허뤼
선실	cabin	캐빈
세관	customs	커스텀스
소형차	compact car	컴팩 카-
속도계	speedometer	스피이다미러-
수취증	claim tag	클레임 택
수화물 임시보관소	baggage room	배기쥐 루움
수동변속기 차량	manual car	매뉴어 카-
순회하는	cruising	크루우징
스포츠카	sports car	스포어츠 카-
승선(탑승)하다	embark	임바-악

모르는 말 찾기 (승차권~요금)

승차권	ticket	티킷
시가전차	streetcar / tram(영국)	스츄뤼잇카- / 츄램
시가지도	city map	씨리 맵
시각표	timetable	타임테이버
시간이 걸리다	take	테익
시내버스	local bus	로우커 버스
식당	dining room	다이닝 루움
식당차	dining car	다이닝 카-
신문 판매대	news stand	뉴스탠
신청	application	애플러케이션
신호	signal / traffic lights	씨그너어 / 츄래픽 라이츠
신호등	blinker / traffic light	블링커- / 츄래픽 라잇
심야할증	late hour premium	레잇 아우어- 프뤼미엄
승강장	platform	플랫풔엄
안내소	information bureau	인풔-메이션 뷰우뤄우
앞쪽에	in the front	인더프런트
야간 열차	night train	나잇 츄뤠인
약	about	어바웃
~에 가다	go to ~	고우르 -
여객선	passenger ship	패씬줘- 쉽
여객수송 버스	limousine / shuttle bus	리머지인 / 셔러 버스
역	station	스테이션
연락선(페리)	ferry	페뤼

단어만 말해도 뜻은 통한다!

연료	**fuel**	퓨어
연착	**delay**	딜레이
	late arrival	레잇 어롸이버어
열차	**train**	츄뤠인
열차요금	**train fare**	츄뤠인 페어-
영수증	**receipt**	뤼씨잇
예약	**reservation**	뤠저-베이션
예약번호	**reservation number**	뤠저-베이션 넘버-
예약확인서	**confirmation slip**	칸풔-메이션 슬립
예약석	**reserved seat**	뤼저-브드 씨잇
오다	**come**	컴
오른쪽	**right**	롸잇
오전편	**morning flight**	모어-닝 플라잇
오토바이	**motorcycle**	모러-싸이커
오픈카	**convertible**	컨버러버
오후편	**afternoon flight**	애프터-누운 플라잇
완행 열차	**local train**	로우커어 츄뤠인
왕복	**round trip / return**(영국)	롸운 츄립 / 뤼터-언
왕복요금	**double fare**	더버 페어
왕복표	**round-trip ticket**	롸운 츄립 티킷
	return ticket(영국)	뤼터-언 티킷
왼쪽	**left**	레프트
요금	**fare**	페어-

모르는 말 찾기 (운송~주차장)

운송	**transportation**	츄랜스포어-테이션
운임	**fare**	페어-
운전면허증	**driver's license**	쥬라이버-즈 롸이선스
	driving license	쥬라이빙 롸이선스
운전하다	**drive**	쥬라이브
운행하다	**run**	런
운휴	**suspension of the service**	써스펜션 어브더 써-비스
움직이는 보도	**moving sidewalk**	무우빙 싸잇웍
	moving pavement (영국)	무우빙 페이브먼
위반	**violation**	바이얼레이션
유람관광	**excursion cruise**	익스커-전 크루우즈
유료 도로	**toll road**	토우어 뤄웃
유아	**infant**	인펀
유효 기간	**valid**	밸릿
유효한	**valid / good**	밸릿 / 긑
육로로	**by land**	바이 랜드
2등	**second class**	쎄컨 클래스
이륙하다	**take off**	테이커프
이층 버스	**double-decker**	더버 데커-
인도	**sidewalk / pavement**	싸잇웍 / 페이브먼
1등	**first class**	풔-스 클래스
일일권	**one day ticket**	원데이 티킷
임대계약서	**rental agreement**	뤠너 어그뤼이먼

Wordbook 5

단어만 말해도 뜻은 통한다!

임대료	**rental charge**	뤤너 촤-쥐
임대하다	**rent**	렌트
입구	**entrance**	엔츄런스
자동변속기 차량	**automatic car**	어러매릭 카-
자동차	**car**	카-
자유석	**non-reserved seat**	난뤼저-브드 씨잇
	free seating	프뤼이 씨이링
자전거	**bicycle**	바이씨커
잠시 들르다	**drop by / stop off**	쥬럽 바이 / 스타퍼프
잡다	**take / catch**	테익 / 캐취
장거리버스	**long-distance bus**	롱 디스턴스 버스
재확인하다	**reconfirm**	뤼컨풔-엄
정기권	**commuter pass**	커뮤러- 패스
정기적인	**regular**	뤠귤러-
정류소	**bus stop**	버스탑
정비소	**garage**	거롸-쥐
	auto repair shop	어로우 뤼페어-샵
정시에	**on time / on schedule**	온타임 / 온스케쥬어
정차(하다)	**stop**	스탑
정확히	**punctually**	펑츄얼리
좌석	**seat**	씨잇
주유소	**gas station**	개스 스테이션
주차장	**parking lot**	파-킹 랏

모르는 말 찾기 (주차하다~탑승구)

주차하다	park	파-악
주택가	uptown	업타운
주행거리 무제한	free mileage	프루- 마일리쥐
주행거리 요금	mileage rate	마일러쥐 뤠잇
중량초과 화물	excess baggage	익쎄스 배기쥐
중(中)형차	medium-sized car	미리엄 싸이즈드 카-
증기선	steamer / liner	스티머- / 라이너-
	steamship	스티임쉽
지나가다	pass	패스
지름길	shortcut	쇼엇컷
지불	payment	페이먼
지정석	reserved seat	뤼저-브드 씨잇
지하철	subway	썹웨이
	underground (영국)	언더-그라운
직행	direct / through	즈렉 / 뜨루우
	non-stop	난스탑
직행버스	non-stop(direct) bus	난스탑(즈렉) 버스
직행열차	non-stop train	난스탑 츄뤠인
직행편	non-stop flight	난스탑 플라잇
	direct flight	즈렉 플라잇
차도	drive	쥬라이브
차장	conductor / guard (영국)	컨덕터- / 가-드
착륙(상륙)하다	land	랜드

단어만 말해도 뜻은 통한다!

창구	wicket	위킷
창측 석	window seat	윈도우 씨잇
천천히	slowly	슬로울리
첫 열차	first train	풔-스 츄뤠인
최종 목적지	final destination	퐈이너어 데스티네이션
최초 항공사	initial carrier	이니셔어 캐뤼어-
추월금지	No passing	노우 패씽
출구	exit / way out(영국)	엑짓 / 웨이아웃
출발	departure	디파-춰-
출발하다	depart / leave	디파-앗 / 리이브
출항하다	leave (port)	리이브 (포엇)
취소 대기	waiting (for cancellation)	웨이링 풔-캔썰레이션
취소하다	cancel	캔써어
침대	berth(배·열차의)	버-쓰
침대요금	berth charge	버-쓰 촤-쥐
침대차	sleeping car	슬이핑 카-
침대찻간	couchette	쿠우셋
칸막이 객실	compartment	컴파앗먼
케이블카	cable car	케이블카-
탈것	vehicle	비어커
	transportation	츄랜스포어-테이션
탑승	boarding	보어-링
탑승구	boarding gate	보어-링 게잇

모르는 말 찾기 (탑승권~횡단)

탑승권	boarding pass	보어링 패스
탑승시간	boarding time	보어링 타임
태워 주다	give a ride	기버 롸잇
택시	taxi	택씨
택시로	by taxi	바이 택씨
택시요금	taxi fare	택씨 페어-
택시 타는곳	taxi stand	택씨 스탠
터미널	bus depot	버스 디포우
	bus terminal	버스 터-머너어
	railroad station	뤠이어뤄웃 스테이션
토큰	token	토우컨
통로측 좌석	aisle seat	아이어 씨잇
통행료	toll	토우어
펑크	flat tire	플랫 타이어-
편(항공기)	flight	플라잇
편도	one way	원 웨이
편도요금	single fare	씽거 페어-
편도표	one-way ticket	원웨이 티킷
	single ticket(영국)	씽거어 티킷
편리한	convenient	컨비니언
편명	flight number	플라잇 넘버-
포함하다	include	인클루웃
표시	landmark	랜마-크

단어만 말해도 뜻은 통한다!

표 자동판매기	ticket machine	티킷 머쉰
풀먼식 차량	Pullman (침대차·특등 호화차)	푸어먼(카-)
필요한	necessary	네써써뤼
1시간 전	one hour before	원아워 비풔어-
할인	discount	디스카운
할인요금	reduced fare	리듀스트 페어-
할인 유람권	excursion ticket	익스커-전 티킷
할증요금	extra charge	엑스츄뤼 차-쥐
항공운임	airfare	에어-페어-
항공회사	airlines / carrier	에얼라인즈 / 캐뤼어-
항해	voyage	보이쥐
핸들	steering wheel	스티어륑 위어
~ 행	(bound) for ~	(바운) 풔-
향하다	proceed	프뤄씨잇
혼잡한	crowded	크롸우릿
화물	freight / goods (영국)	프뤠잇 / 구즈
	cargo	카-고우
화장실	rest room / lavatory	뤠스트 루움 / 레버러뤼
	washroom / bathroom	워쉬루움 / 배쓰루움
확인하다	check	첵
회수권	coupon ticket	쿠우판 티킷
	commuters tickets	커뮤러-즈 티킷
횡단	crossing	크롸씽

모르는 말 찾기 (횡단보도~흡연석)

횡단보도	**pedestrian crossing**	피데스츄뤼언 크롸씽
횡단하다	**cross**	크롸스
휴게실	**lounge**	라운쥐
휴대 수화물	**carry-on baggage**	캐뤼온 배기쥐
흡연석	**smoking seat**	스모우킹 씨잇

모르는 말 찾기

Wordbook 6
관 광

모르는 말 찾기 (가다~관찰)

가다	go to ~	고우 르
가이드	guide	가이드
가치	value	밸류
간격	space	스페이스
감독	director	즈렉터-
감독하다	direct	즈렉
감상하다	appreciate	어프뤼쉬에잇
강	river	뤼버-
개관 시간	opening time(hour)	오프닝 타임(아우어-)
개막 시간	curtain time	커-른 타임
개인전	personal exhibition	퍼-스너어 엑써비션
개장	beginning / opening	비기닝 / 오프닝
개최하다	hold	호우어드
객석	auditorium	어러토뤼엄
건반악기	keyboards	키이보어-드
건축	architecture	아-키텍춰-
	building / structure	비어딩 / 스츄럭춰-
걸어서	on foot	온 풋
게시판	bulletin board	불러린 보어-드
	notice board(영국)	노우리스 보어-드
견학	study by observation	스터디 바이 압저-베이션
경기	game	게임
경기장	ground / stadium	그라운 / 스테이리엄

단어만 말해도 뜻은 통한다!

경마	horse racing	호어-스 뤠이씽
경주	race / dash (단거리)	레이스 / 대쉬
경축일	holiday	할러데이
경치	view / scenery	뷰우 / 씨너뤼
	landscape	랜스케입
계곡	valley	밸리
계절	season	씨이즌
계획을 세우다	make up	메이컵
고원	tableland	테이블랜
곧장	straight	스츄뤠잇
공	ball	보어
공연	public performance	퍼블릭 퍼-풔-먼스
	performance	퍼-풔-먼스
공원	park	파악
곶	cape	케입
과도한	excessive / violent	익쎄씹 / 바이얼런
관객(관중)	audience	어리언스
관광	sightseeing	싸잇씨잉
	tourism / tour	투어뤼즘 / 투어
관광안내소	tourist information	투어뤼스트 인풔-메이션
관광지도	visitor's guide	비지러-즈 가이드
관심	interest	인츄뤼스트
관찰	observation	압저-베이션

모르는 말 찾기 (관현악~도박)

관현악	orchestral music	오어-키스츄뤄어 뮤직
관현악단	orchestra	오어-키스츄뤄
광장	square	스퀘어-
교외	suburbs	써버업스
교향악단	symphony orchestra	씸퍼니 오어-키스츄뤄
교회	church	춰-취
궁전	palace	팰리스
권투	boxing	박씽
그린	green (골프장)	그뤼인
그린 피	green fee (골프장 사용료)	그뤼인 퓌이
극장	theater	띠어러-
극장 식당	theater restaurant	띠어러- 뤠스터런
~근처에	near ~	니어-
금관악기	the brass	더 브뤠스
기념	commemoration	커메머뤠이션
기념비	monument	마뉴먼
기적	miracle	미뤄커
기후	climate	클라이밋
길을 잃다	be lost	빌러스트
끝나다	end / finish	엔 / 퓌니쉬
나이트클럽	nightclub	나잇클럽
낚시	fishing / angling	퓌슁 / 앵글링
낚시하다	fish	퓌쉬

단어만 말해도 뜻은 통한다!

낮공연	matinee	매러네이
내일	tomorrow	터마뤄우
넓은	large	라-쥐
노래	song	송
노를 젓다	row / paddle(카누)	뤄우 / 패러
노인	elderly man	엘더-리 맨
농구	basketball	배스킷 보어
농가	farmhouse	퐈암하우스
농업	agriculture	어그뤼컬쳐-
농장	farm	퐈암
농촌	countryside	컨츄뤼싸잇
높은	high	하이
다른	other	아더-
다리	bridge	브뤼쥐
닫다	close	클로우즈
~당	per ~	퍼-
당일권	day ticket	데이 티킷
대로	main street	메인 스츄륏
대사원	abbey	애비
대성당	cathedral	커띠이쥬뤄어
대중음악	popular music / pop	파퓰러 뮤직 / 팝
데리고 가다	take	테익
도박	gambling	갬블링

모르는 말 찾기 (도보여행~뮤지컬)

도보여행	walking tour	워킹 투어-
도서관	library	라이브뤄뤼
도시락	box lunch / lunch	박스 런취 / 런취
독주	solo	소울로우
독창적인	creative	크뤼에이립
독창(주)회	recital	뤼싸이러어
동굴	cave	케이브
동물	animal	애니머어
동물원	zoo	주우
동상	statue	스태츄우
뒤의	back	백
듣다	hear / listen to	히어- / 리슨터
등골이 오싹한	bloodcurdling	블럿커엇링
등대	lighthouse	라잇하우스
등산	mountain climbing	마운틴 클라이밍
뛰어난	excellent	엑썰런
라켓	racket	래켓
럭비	rugby	럭비
레슬링	wrestling	뤠슬링
레저	leisure	리이쥐-
~로	by ~	바이
마라톤	marathon race	매뤄딴 뤠이스
마술	magic	매쥑

단어만 말해도 뜻은 통한다!

마천루	skyscraper	스카이스크뤠이퍼-
막	curtain / act(연극의)	커-튼 / 액트
만	bay / gulf	베이 / 거어프
만원인	full	푸어
만화	comic strip	카믹 스츄립
만화영화	cartoon film	카-투운 퓌엄
만화책	comic book	카믹 북
맡다	keep	키입
매진	sold out	소울 다웃
멀리	far (away)	퐈-(어웨이)
멋진	wonderful	원더-풔어
	marvelous / great	마아벌러스 / 그뤠잇
메이저리그	major league	메이줘 리-그
면허	license	라이쎈스
명소	noted place	노우릿 플레이스
목관 악기	the woodwinds	더 웃윈즈
목장	stock farm	스탁 퐈암
묘지	cemetery / graveyard	씨머츄리 / 그뤠이브야-드
무대	stage	스테이쥐
무덤	tomb	투움
무료인	free / free of charge	프뤼이 / 프뤼이업 촤-쥐
무서운	terrible / horrible	테뤄버 / 호어뤄버
뮤지컬	musical	뮤지커어

모르는 말 찾기 (미술~산)

미술	fine art / art	퐈인 아앗 / 아앗
미술관	art museum	아앗 뮤지엄
	museum of fine art	뮤지어맵 퐈인 아앗
미식축구	football	풋보어
밀랍인형관	wax museum	왝스 뮤지엄
바다	sea / ocean	씨이 / 오우션
박람회	fair / exhibition	페어- / 엑써비션
박물관	museum	뮤지엄
반도	peninsula	페닌설러
반일 관광	half day tour	해프데이 투어-
발레	ballet	밸레이
발매소	ticket agency	티킷 에이젼씨
밤공연	night performance	나잇 퍼-풔-먼스
	evening performance	이브닝 퍼-풔-먼스
배구	volleyball	발리보어
배우	actor(남) / actress(여)	액터- / 액츄뤼스
배우다	learn	러-언
버라이어티 쇼	vaudeville show	버어드비어 쇼우
	variety show	버롸이어리 쇼우
버스관광	bus tour	버스 투어-
번화가	downtown	다운타운
별난	fanciful	풴씨풔어
복장	clothes	클로우즈

단어만 말해도 뜻은 통한다!

봉우리	peak	피익
부두	pier	피어-
분수	fountain	퐈운틴
분지	basin	베인씬
분화구	crater	크뤠이러-
불꽃놀이	fireworks	파이어워억스
비극	tragedy	츄래줘리
비싼	expensive	익스펜씹
빈	unoccupied	어나큐파잇
빈 좌석	vacant seat	베이컨 씨잇
빙하	glacier	글래이셔-
사격	firing	퐈이어륑
사교 댄스	social dance	쏘우셔어 댄스
사냥	hunting	허닝
사다	buy / pick up	바이 / 픽컵
사물함	locker	라커-
사용료	fee	퓌이
사원	temple	템퍼
사이클	cycling	싸이클링
사적	place of historical interest	플레이섭 히스토뤼커어 인츄뤼스트
사진	picture / photograph	픽쳐- / 풔우로우그랩
사진 찍다	take a picture	테이커 픽쳐-
산	mountain	마운틴

모르는 말 찾기 (샘~안내)

샘	fountain	퐈운틴
생가	birthplace	버-쓰플레이스
서다	stop	스탑
서투른	bad / poor	뱃 / 푸어-
선수	player	플레이어-
섬	island	아일런
성	castle	캐써
성적	results	뤼저어츠
성지	sacred ground	쎄이크릿 그롸운
성채	fort	풔엇
수도	capital	캐피러어
수도원	nunnery(여)	너너뤼
	convent(여)	칸번
	monastery(남)	마너스테뤼
수영	swimming	스위밍
수영복	swimming suit	스위밍 수웃
수영장	swimming pool	스위밍 푸어
수영하다	swim	스윔
수족관	aquarium	어퀘어뤼엄
수채화	watercolor	워러-컬러-
순서	order	오어-러-
숲	woods / grove(작은)	우즈 / 그뤄우브
	forest(큰)	풔뤼스트

242

단어만 말해도 뜻은 통한다!

스케이트	**skating**	스케이링
스쿠버	**scuba**(수중 호흡용구)	스쿠버
스키	**ski**	스키
스타디움	**stadium**	스테이리엄
슬픈	**sad**	쌧
승마	**horseback riding**	호어-스 라이링
시골	**country**	컨츄뤼
시시한	**dull / boring**	더어 / 보어링
시청	**city hall**	씨리 호어
식물원	**botanical garden**	버태니커어 -가른
신분증	**identification(ID) card**	아이데너풔케이션(아이리이) 카드
신청	**application**	애플러케이션
	reservation	뤠저-베이션
실내악	**chamber music**	챔버-뮤직
싼	**cheap / inexpensive**	취입 / 이닉스펜씹
쌍안경	**binoculars**	바이나큘러-즈
쓰다	**write / draw**(지도)	롸잇 / 쥬뤄
쓰레기	**dust / trash / garbage**	더스트 / 츄래쉬 / 가-비쥐
아이스하키	**ice hockey**	아이스 하키
아코디언	**accordion**	어코어-리언
악기	**instrument**	인스츄루먼
악보	**score**	스코어-
안내	**guidance**	가이던스

모르는 말 찾기 (안내서~우승)

안내서	guidebook	카잇북
	handbook / manual	핸북 / 매뉴어어
안내소	information office	인풔-메이션 아퓌스
안내인	usher(남) / usherette(여)	어셔- / 어셔렛
야구	baseball	베이스보어
어디	where	웨어-
어른	adult	어더어트
여기에서	here	히어-
여기서부터	from here	프럼 히어-
여러가지	various	베어뤼어스
여배우	actress	액츄리스
연극	play	플레이
연기	performance	퍼-풔-먼스
연기자	actor(남) / actress(여)	액터 / 액츄리스
	player	플레이어-
연기하다	play	플레이
연못	pond	판드
연주	musical performance	뮤지커어 퍼-풔-먼스
연주회	concert	칸써-엇
연중 행사	annual event	애뉴어 이벤트
열다	open	어펀
영화	movie / cinema	무우비 / 씨네머
예매권	ticket sold in advance	티킷 쏘울딘 엇밴스

단어만 말해도 뜻은 통한다!

	advance ticket	엇밴스 티킷
예매처	booking office	부킹 아퓌스
예술	art	아앗
예술적인	artistic	아-리스틱
예약	reservation	뤠저-베이션
오늘	today	트데이
오늘밤	tonight	트나잇
오래된	old	오울
오른쪽의	right	롸잇
오케스트라	orchestra	오어-키스츄뤄
오페라	opera	아퍼뤄
온천	hot spring / spa	핫 스프링 / 스파아
완성하다	complete	컴플리잇
외야석	outfield bleacher	아웃퓌어드 블리이춰-
왼쪽의	left	레프트
요금	price	프라이스
요새	tower	타우어-
요트	yacht / sailboat	얏 / 쎄이어보웃
용구	equipment	이큅먼
우물	well	웨어
우스운	funny	풔니
우승	victory	빅터뤼
	title / championship	타이러 / 챔피언쉽

모르는 말 찾기 (운동장~자유석)

운동장	ground / field	그라운 / 필
	ball park(야구장)	보어 파-악
	school grounds	스쿠어그라운즈
운하	canal	캐너어
웅장한	grand	그랜
원시림	virgin forest	버-쥔 풔뤼스트
유람 비행	sightseeing flight	싸잇씨잉 플라잇
유람선	excursion boat	익스커-젼 보웃
	sightseeing boat	싸잇씨잉 보웃
유명한	famous	페이머스
유원지	amusement park	어뮤즈먼 파악
유적	ruins / remains	루인즈 / 뤼메인즈
유쾌한	peaceful	피이스풔어
유화	oil painting	오이어 페이닝
유흥가	amusement center	어뮤즈먼 쎄너-
육상 경기	track and field	츄랙 앤 퓌어드
음악	music	뮤직
음악당	music hall	뮤직 호어
음향	sound	싸운드
음향효과	acoustics(실내)	어쿠우스틱스
	sound effects(영화)	싸운드 이펙
의사당	the Capitol	더캐피러
	the house of Parliament	더하우섭 파알러먼

Wordbook 6

246

단어만 말해도 뜻은 통한다!

이슬람 사원	mosque	마스크
2층 특별석	balcony seat	베어커니 씨잇
이기다	win	윈
이쪽	in this direction	인디스 즈렉션
~인 경우	in case of ~	인케이섭
인기있는	popular	파퓰러-
인쇄물	printed matter	프뤼닛 매러-
일반적인	general	쥐너뤄어
1층석	orchestra seat (1층 앞쪽의)	오어-키스츄뤄 씨잇
일행	party	파리
임시보관소	checkroom	첵루움
	cloakroom (영국)	클로욱루움
임시보관증	claim check	클레임 첵
입석	standing room	스탠딩 루움
	gallery	갤러뤼
입장	admission	엇미션
입장하다	enter	에너-
입장권	admission ticket	엇미션 티킷
입장료	admission	엇미션
	entrance fee	엔츄런스 퓌이
자연	nature	네이쳐-
자유석	non-reserved seat	난리져브드 씨잇
	free seating	프뤼 씨링

모르는 말 찾기 (자유시간~참가하다)

자유 시간	free time	프뤼이 타임
잠수(다이빙)	diving	다이빙
잠수하다	dive	다이브
장(연극)	scene	씨인
장소	place	플레이스
장엄한	solemn	쌀럼
장치	device	디바이스
재공연	second production	쎄컨드 프뤄덕션
재미있는	interesting / amusing	인츄뤼스팅 / 어뮤우징
재상영	rerun	뤼런
저기	over there	오버- 데어-
적도	the equator	디 이퀘이러-
전람회	exhibition	엑써비션
전자 기타	electronic guitar	일렉츄뤄닉 기타-
전자 음악	electronic music	일렉츄뤄닉 뮤직
전지	battery	배러뤼
절	temple	템퍼
절벽	cliff	클리프
정기적인	regular(규칙적)	뤠귤러-
	periodic(주기적)	피뤼아릭
정상	top / summit	탑 / 써밋
정장	full dress	푸어 쥬뤠스
정장을 해야 하는	neat / formal	니잇 / 풔어-머어

단어만 말해도 뜻은 통한다!

정장하다	dress up	쥬뤠섭
조각	sculpture / carving	스컵춰- / 카-빙
종	bell	베어
종료시간	closing time	클로우징 타임
좌석	seat(극장) / table(식당)	씨잇 / 테이버
주목할	remarkable	뤼마-커버
주연	leading actor	리이링 액터-
주장	captain	캡틴
중단하다	interrupt	이너럽
중주(중창)	ensemble	안삼버
즐기다	enjoy	인쥐이
즐거운	pleasant	플레전
증명서	certificate	써-티퓌킷
지금	now	나우
지불	payment	페이먼트
지불하다	pay	페이
지점	branch	브랜취
지정석	reserved seat	리저-브드 씨잇
지휘자	conductor / director	컨덕터- / 즈렉터-
진열(하다)	display	디스플레이
집합	gathering / meeting	개더륑 / 미이링
찍다	take	테익
참가하다	take part in	테익 파아린

249

모르는 말 찾기 (천장~프로그램)

천장	ceiling	씨일링
청중	audience	어리언스
체조	gymnastics / exercise	쥠내스틱스 / 엑써-싸이즈
초상(화)	portrait	포어-츄륏
촛점	focus	풔우커스
최저요금	minimum charge	미너멈 촤-쥐
추상적인	abstract	업스츄랙
추억	memory	메머뤼
축구	soccer / football	싹커- / 풋보어
축제	festival / feast	풔스티버어 / 퓌이스트
춤(추다)	dance	댄스
취소되다	be called off	비컬더프
취소하다	cancel	캔써어
칸초네	canzone (이탈리아 서정가곡)	캔조우니
캬바레	cabaret	캐버뤠이
컬렉션	collection (신작 발표회)	컬렉션
코믹한	comical	카미커어
콘서트	concert	칸써엇
쾌활한	merry	메뤼
크리켓	cricket	크뤼킷
큰	big / large (양)	빅 / 라-쥐
클래식 음악	classical music	클래씨커어 뮤직
타악기	the percussion	더퍼-커션

단어만 말해도 뜻은 통한다!

탑	tower	타우어-
테니스(정구)	tennis	테니스
통로	aisle	아이어
통역	interpreter	이너-프뤼러-
트럼프	card / cards(패)	카-드 / 카-즈
	playing card(카드놀이)	플레잉 카드
특별 행사	special event	스페셔어 이벤
특산품	speciality	스페쉬앨러리
	local product	러커어 프라덕
특석	stall	스토어
파도타기	surfing	써-핑
팜플렛	brochure / pamphlet	브뤄우슈어- / 팸플릿
패하다	lose / be beaten	루우즈 / 비비이른
	be defeated	비디퓌이릿
평범한	commonplace	카먼플레이스
평상복	casual wear	캐쥬어 웨어-
평야	plain	플레인
평형	breast stroke	브레스트 스츄로욱
폐관 시간	closing time	클로우징 타임
포커	poker	포우커-
폭포	falls / waterfall	풔어스 / 워러-풔어
표	ticket	티킷
프로그램	program	프뤄그램

모르는 말 찾기 (프로야구~희극)

프로야구	**professional baseball**	프뤄페셔너 베이스보어
피서지	**summer resort**	써머-뤼조엇
필드 경기	**field events**	퓌어드 이벤츠
하나 더	**one more**	원모어-
하나씩	**one by one**	원 바이원
하루관광	**full day tour**	푸어 데이 투어-
하이킹	**hiking**	하이킹
한가운데	**in the middle**	인더미러
한국어를 하는	**Korean-speaking**	커뤼언 스피이킹
한 세트	**a set of~ / gear**	어 쎄럽 / 기어-
할인권	**discount ticket**	디스캬운 티킷
합창	**chorus**	코뤄스
항구	**harbor**	하-버-
해변	**beach / seashore**	비이취 / 씨이쇼어-
해보다	**try**	츄라이
해수욕	**sea bathing**	씨이 베이딩
해협	**channel**	채너어
행사	**event / entertainment**	이벤트 / 에너테이먼트
현대음악	**contemporary music**	컨템퍼뤄뤼 뮤직
현상하다	**develop**	디벨럽
현악기	**the strings**	스츄륑스
호반	**lake shore**	레익 쇼어-
호수	**lake**	레익

252

단어만 말해도 뜻은 통한다!

혼잡한	crowded	크롸우릿
화랑	gallery	갤러뤼
화려한	gorgeous	고어-줘스
화산	volcano	발케이노우
활	bow / archery	보우 / 아-춰뤼
회원	member	멤버-
회화	painting / drawing	페이닝 / 쥬뤄잉
	picture	픽쳐-
휴가	vacation	베이케이션
휴게시간	intermission	이너-미션
휴대품 보관소	checkroom	첵루움
	cloakroom(영국)	클로욱루움
휴식	rest	뤠스트
흑백필름	black and white film	블랙 앤 와잇 퓌엄
흡연실	smoking room	스모우킹 루움
희극	comedy	카머디

숫자 읽기(100이상) ※ 앞은 기수, 뒤는 서수. 100 이하는 156쪽

100	hundred / hundredth	헌쥬릿/헌쥬릿쓰
200	two hundred / two hundredth	튜 헌쥬릿/튜 헌쥬릿쓰
1,000	thousand / thousandth	따우전/따우전쓰
5,000	five thousand	퐈이브 따우전
10,000	ten thousand	텐 따우전
20,000	twenty thousand	트웨니 따우전
100,000	one hundred thousand	원 헌쥬릿 따우전
1,000,000	one million	원 밀리언
2,000,000	two million	튜 밀리언

분수·배수 읽기

2배	twice / two times	트와이스/튜 타임즈
3배	triple / three times	츄뤼퍼/뜨뤼이 타임즈
1/2	a half	어해프
1/3	one-third	원떠-드
1/4	a quarter	어 쿼-러-
1/5	one fifth	원 퓝쓰
3/4	three quarters	뜨뤼이 쿼-러-즈
1/10	one-tenth	원 텐쓰
한 번	once	원스
두 번	twice / two times	트와이스/튜 타임즈
세 번	three times	뜨뤼이 타임즈
1다스	one dozen	원 더즌
2다스	two dozen	튜 더즌

모르는 말 찾기

Wordbook 7

쇼 핑

모르는 말 찾기 (가격~귀금속)

가격	price	프라이스
가구(점)	furniture (store)	풔-니쳐- (스토어-)
가닛(석류석)	garnet	가-닛
가방	bag	백
가방가게	baggage store	배기쥐 스토어-
가벼운	light	라잇
가슴	bust	버스트
가운데의	middle	미러
가죽	leather	레더-
가판대	newsstand	뉴우스탠
가까이	near	니어-
각각	each	이취
각각으로	separately	쎄퍼럿리
갈색의	brown	브라운
강판	grater	그뤠이러-
같은	the same	더쎄임
거북껍질	tortoise shell	토어-러스 쉐어
거울	mirror	미뤄-
건전지	(dry) battery	(쥬라이) 배러뤼
검은	black	블랙
견본	sample	쌤퍼
결정하다	decide	디싸이드
계단	stairs	스테어-즈

단어만 말해도 뜻은 통한다!

계산	figures	퓌규어-즈
계약금	deposit	디파짓
고급품	first-class article	퓌-스트 클래스 아-리커
고르다	choose	츄우즈
고상한	elegant	엘러건
고치다	mend(간단한 것)	멘드
	repair(복잡한 것)	뤼페어-
골동품	antique / curio	앤틱 / 큐뤼오우
골동품점	curio(antique) shop	큐뤼오우(앤틱) 샵
공예품	folk handcraft	풔욱 핸크래프트
과세	tax / duty	택스 / 듀리
과일	fruit	프루웃
과일가게	fruit store	프루웃 스토어-
과자	confectionary	컨펙셔너뤼
과자 가게	candy store	캔디 스토어-
광고	advertisement	애드버-타이즈먼
광택이 나는	lustrous	러스츄뤼스
교환	exchange	익스췌인쥐
구두	shoes / pumps(끈 없는)	슈우즈 / 펌스
균일요금	flat rate	플랫 뤠잇
귀걸이	earrings	이어륑즈
	pierced earrings(귀를 뚫어 끼는)	피어-스트 이어륑즈
귀금속	precious metal	프뤠셔스 메러어

모르는 말 찾기 (귀금속점~대량생산품)

귀금속점	jewelry store	쥬월리 스토어-
그림책	picture book	픽처- 북
금	gold	고우어드
금 도금	gold-plated	고울 플레이릿
금색의	golden	고울든
금속	metal	메러어
금액	amount of money	어마우넙 머니
기념품	souvenir / present	수버니어- / 프뤠즌
기념품점	souvenir shop	수버니어-샵
기능	function	펑션
기성의	ready-made	뤠리메잇
기초 화장품	skin care products	스킨 케어- 프라덕츠
긴	long	롱
길이	length	렝쓰
깃	collar	칼러-
깎다	cut down	컷다운
	reduce the price	뤼듀우스더 프라이스
꽃무늬	flower pattern	플라우어-패러언
꽃병	flower vase	플라우어- 베이스
꽃장수	florist	플러뤼스트
꽃집	flower shop	플라우어- 샵
끝내다	complete / finish	컴플리잇 / 퓌니쉬
끼는	tight	타잇

 단어만 말해도 뜻은 통한다!

나일론	nylon	나일란
남성복	men's clothes	멘즈 클로우즈
낮은	low	로우
내복	undershirt	언더-셔엇
냉동식품	frozen food	프뤄우즌 프웃
냉장고	refrigerator / fridge	뤼프뤼줘뤠이러- / 프뤼쥐
네이비 블루	navy blue	네이비 블루우
넥타이	tie	타이
넥타이핀	tiepin	타이핀
노란색의	yellow	옐로우
녹	stain / spot	스테인 / 스팟
눈썹	eyebrow	아이브라우
눈썹 연필	eyebrow pencil	아이브롸우 펜써어
다루다	handle	해너
다른	another / an other	어나더- / 언아더-
다리미	iron	아이언
다시	again	어갠
다이아몬드	diamond	다이어먼
단위	unit	유닛
닫다	close	클로우즈
담배	cigarette	씨거렛
담배가게	tobacco shop	터배코우 샵
대량 생산품	mass-produced goods	매스 프뤄듀스트 구우즈

모르는 말 찾기 (대량으로~목걸이)

대량으로	in quantity	인콰너리
대체품	replacement	뤼플레이스먼
도기	pottery	파러뤼
도매 가격	wholesale price	호울쎄이어 프로이스
도자기	ceramic ware	씨래믹 웨어-
동전	coin	코인
두꺼운	thick / heavy	씩 / 헤비
둥근	round	롸운
디자인	design / pattern	디자인 / 패러언
디지탈카메라	digital camera	디지털 캐머뤄
따뜻한 색	warm colors	워엄 컬러-즈
라이센스 생산	produced under license	프뤼듀스트 언더- 라이썬스
란제리	lingerie	라안줘뤠이
레코드점	record shop	뤠코어드 샵
루비	ruby	루비
리넨(아마포)	linen	리닌
린스	rinse	륀스
립스틱	lipstick / rouge	립스틱 / 루우쥐
마스카라	mascara	매스커뤄
마음에 들다	like	라익
만들다	make	메익
맞다	fit (모양, 크기가)	핏
	match (어울림이)	맷취

260

단어만 말해도 뜻은 통한다!

맞춤의	custom-made	커스터 메잇
매니큐어	manicure / nail polish	매너큐어- / 네이어 팔러쉬
매니큐어 제거제	enamel remover	이내머 뤼무우버-
매장	counter / department	캬우너- / 디파앗먼
멋진	dressy	쥬뤠씨
면	cotton	카른
면도기	razor / shaver	뤠이저- / 쉐이버-
면도날	razor blades	뤠이저- 블레이즈
면봉	Q-Tips	큐우팁스
면세(의)	tax-free / duty-free	택스 프뤼이 / 듀뤼 프뤼이
면세품점	duty-free shop	듀뤼프뤼이 샵
모	wool	우어
모발	hair	헤어-
모양	figure	퓌규어-
모자	hat / cap(운동모자)	햇 / 캡
모자가게	hat shop	햇샵
모조품	imitation / fake	이머테이션 / 페익
	counterfeit	캬우너- 퓌잇
모직물	wool	우어
	woolen fabrics	울른 패브뤽스
모피	fur	풔-
모피점	furrier's	풔어뤼어-즈
목걸이	necklace	네클리스

모르는 말 찾기 (목 둘레~블라우스)

목 둘레	neck	넥
목각	woodcarving	웃카-빙
무늬	pattern	패러언
무료(의)	free	프루이
무료배달	free delivery	프루이 딜리버뤼
무엇	what	왓
문방구점	stationery store	스테이셔너뤼 스토어-
물침대	water bed	워러- 벳
물색	light blue	라잇 블루우
물소가죽	water buffalo skin	워러- 버펄로우 스킨
묘안석	cat's-eye	캐츠 아이
민예품	folkcraft	풔욱크래프트
밀크로션	milky lotion	미어키 로우션
밍크	mink	밍크
바겐세일	bargain sale	바-긴 쎄이어
바지	pants / trousers	팬츠 / 츄롸우저-즈
바지단	cuff	커프
반지	ring	륑
반창고	adhesive plaster	앳히이씹 플래스터-
반품하다	return	뤼터언
받다	accept	액쎕
밤색의	marron	매렁
방수시계	waterproof watch	워러-프루웁 와취

단어만 말해도 뜻은 통한다!

배달	delivery	딜리버뤼
백화점	department store	디파앗먼 스토어-
뱀가죽	snake	스네익
베레모	beret	버뤠이
베이지색의	beige	베이쥐
벼룩시장	flea market	플리이 마-킷
벽시계	clock	클락
보라색의	purple	퍼-퍼
보석	jewelry	쥬워뤼
보존하다	preserve	프뤼저-브
보증기간	length of guarantee	렝썹 개런티이
보증서	guarantee	개런티이
봉투	envelope	엔벌로웁
부엌용품	kitchenware	키췬웨어-
부티크	boutique	부우티익
부피가 큰	bulky	버어키
분량	quantity	콰너리
분말	powder / flour	파우러- / 플라우어-
불만	complaint	컴플레인
불량품	defective	디펙팁
붉은	red	뤠드
브로치	brooch	브로우취
블라우스	blouse	블라우스

모르는 말 찾기 (비누~소매 길이)

비누	soap	소웁
비닐 백	plastic bag	플래스틱 백
비단	silk	씨억
비상구	exit	엑짓
비싼	expensive(값이)	익스펜씹
비용이 들다	cost	커스트
빗	comb	코움
빵집	bakery	베이커뤼
4각(인)	square	스퀘어-
사다	buy / get / take	바이 / 겟 / 테익
사파이어	sapphire	쌔퐈이어-
산호	coral	코어뤄어
상아(색)	ivory	아이버뤼
상의	coat / jacket	코웃 / 재킷
상의하다	talk	턱
상자	box	박스
상점	store	스토어-
상표명	brand name	브랜 네임
상품	goods / item	구우즈 / 아이럼
새기다	engrave	인그뤠이브
새로운	new(신품인) / fresh(신선한)	뉴우 / 프뤠쉬
생산지	place of production	플레이섭 프뤄덕션
생선가게	fish shop	퓌쉬샵

단어만 말해도 뜻은 통한다!

샴푸	shampoo	섐푸우
서류가방	attaché case	애러쉐이 케이스
	briefcase	브립 케이스
서명	signature	씨그너쳐-
서명하다	sign	싸인
서점	book store / bookshop	북스토어- / 북샵
선글라스	sunglasses	썬글래시즈
선명한	bright	브라잇
선물	gift / present	기프트 / 프뤠즌
선텐 로션	suntan lotion	썬탠 로우션
설명서	explanatory pamphlet	엑스플러너뤼 팸플릿
	instruction book	인스츄럭션 북
세다	count	캬운
세련된	chic / stylish	쉬익 / 스타일리쉬
세일	sale	쎄이어
세제	cleanser / cleaner	클렌저- / 클리너-
	detergent	디터-전
세탁비누	laundry detergent	런쥬뤼 디터-전
	washing soap	워슁 소웁
소독약	disinfectant	디씬팩턴
소매가격	retail price	뤼테이어 프라이스
소매(의복)	sleeve	슬리이브
소매 길이	sleeve length	슬리이브 렝쓰

모르는 말 찾기 (소비세~신발가게)

소비세	consumer tax	컴슈머- 택스
소설	novel	나버어
소재	materials	머티뤼얼즈
소형의	compact	컴팩트
속옷	underwear	언더-웨어-
손목시계	watch	와취
손수건	handkerchief	행커-취입
손톱깍이	nail clippers	네이어 클리이퍼-즈
송아지 가죽	calfskin	캐프스킨
쇠가죽	cowhide	캬우하잇
쇼윈도우	shopwindow	샵 윈도우
쇼핑몰	shopping mall	샤핑모어
쇼핑센터	shopping center	샤핑 쎄너-
숄더백	shoulder bag	쇼울더-백
수공예품	handicraft	핸디크래프트
수리	repair	뤼페어-
수리용 부품	replacement parts	뤼플레이스먼 파아츠
수면제	sleeping drug(pill)	슬리이핑 쥬럭(피어)
수수료	fee / charge	퓌이 / 챠-쥐
	commission	커미션
수입업자	importer	임포어-러-
수입품	imported goods	임포어-릿 구우즈
수정	crystal	크뤼스터어

단어만 말해도 뜻은 통한다!

수제품의	handmade	핸메잇
	homemade(음식)	호움메잇
수표	check	첵
슈퍼마켓	supermarket	수퍼-마킷
스웨터	sweater	스웨러-
스카프	scarf	스카-프
스커트	skirt	스커엇
스케이트	a pair of skates	어페어럽 스케이츠
스키화	ski boots	스키 부우츠
스킨로션	skin lotion	스킨 로우션
스타킹	pantihose	패니호우스
스포츠용품	sporting good	스포어링 굿
스포츠용품점	sports shop	스포어츠 샵
시계점	watch store	와취 스토어-
CD	compact disc	컴팩 디스크
시장	market	마킷
시장 가격	market price	마킷 프라이스
시험하다	try	츄라이
식기	tableware	테이버웨어-
식료품	foods	푸우즈
식료품점	grocery	그뤄써뤼
신다	put on / wear	푸론 / 웨어-
신발가게	shoe store	슈우 스토어-

모르는 말 찾기 (신사복~어깨)

신사복	business suit	비지니스 수웃
신식인	new / modern	뉴우 / 마러언
신용카드	credit card	크뤠릿 카드
신품인	brand-new	브랜뉴우
실용적인	practical	프랙티커어
실크	silk	씨억
싫어하다	do not like	두낫라익
심야영업하는	be open till late at night	비어펀 티어 레잇 앳나잇
싯가	current price	커런 프라이스
싸다(포장하다)	wrap	랩
싼	cheap / inexpensive	취입 / 이닉스펜씹
쓰레기통	trash(garbage) can	츄래쉬(가-비쥐) 캔
	dustbin (영국)	더스트빈
씹는 담배	chewing tobacco	츄잉 터배코우
쓰다	put on	푸론
아날로그 시계	conventional watch	컨벤셔너어 와취
아동복	children's clothes	췰쥬런즈 클로우즈
아이 새도우	eye shadow	아이 쇄로우
아이 라이너	eye liner	아일라이너-
아이 크림	eye lotion	아일로우션
악기점	musical instrument store	뮤지커어 인스트루먼 스토어-
악세사리	accessories	액쎄써뤼즈
악어가죽	alligator	앨리게이러-

단어만 말해도 뜻은 통한다!

안경	glasses	글래씨즈
안경점	optician	압티션
안내	information desk	인풔-메이션 데스크
안락의자	lounge(easy) chair	라운쥐(이지) 췌어-
안전핀	safety pins	쎄이프티 핀스
알람시계	alarm clock	얼라암 클락
애쿼머린(남옥)	aquamarine	애쿼머뤼인
애프터서비스	after-sales service	애프터-쎄일즈 써-비스
액면 가격	face value	페이스 밸류
앰프	amplifier-tuner	앰플러파이어-튜너-
야채가게	vegetable store	베쥐러버 스토어
야한	screaming	스크뤼이밍
약	medicine	메러슨
약국	pharmacy / drugstore	파-머씨 / 쥬럭스토어-
	chemist's shop	케미스츠 샵
얇은	thin(종이, 천 등)	띤
	light(색깔)	라잇
양말	socks / stockings	싹스 / 스타킹즈
양복(장)점	tailor's(dress maker's) shop	테일러-(쥬뤠스 메이커-즈) 샵
양복 한벌	suit	수웃
어느 것	which	위취
어울리다	match / suit	맷취 / 수웃
어깨	shoulder	쇼울더-

모르는 말 찾기 (어깨 폭~위생용품)

어깨 폭	shoulder width	쇼울더- 윗쓰
얼굴	face	페이스
얼마나	how many(수)	하매니
	how much(양·가격)	하머춰
	how long(길이)	할롱
엉덩이	hip	힙
에메랄드	emerald	에머뤄어드
에스컬레이터	escalator	에스컬레이러-
엘리베이터	elevator / lift(영국)	엘리베이러 / 리프트
LCD	liquid crystal display	리큇 크뤼스터어 디스플레이
MP3	MP3 player	엠피쓰뤼 플레이어
여러가지 색의	multicolored	멀티컬러-드
여성복	women's clothes	위민즈 클로우즈
여행가방	suitcase	수웃케이스
연보라색의	lavender / mauve	래번더- / 모우브
연필	pencil	펜써어
연한 황색의	pale yellow	페이어 옐로우
열다	open	어펀
엷은	thin	띤
영수증	receipt	뤼씨잇
영업시간	business hour	비지니스 아우어-
영업하고 있는	be open	비어펀
예쁜	beautiful	뷰우리풔어

270

단어만 말해도 뜻은 통한다!

예산	budget	버짓
오그라들다	shrink	쉬링
5달러 지폐	fiver	파이버-
오렌지색의	orange	어륀쥐
올리브색의	olive	알리브
오버코트	overcoat	오우버-코웃
온도계	thermometer	떠-마미러-
(~와) 같은	same as ~	쎄이매즈
와이셔츠	shirt	셔엇
완구점	toy shop	토이 샵
용도	use	유우스
우산	umbrella	엄브렐러
우산가게	umbrella shop	엄브렐러 샵
우수한	very good / excellent	베뤼 긋 / 엑썰런
운동화	sport shoes	스포엇 슈우즈
	sneakers	스니이커-즈
원가	cost price	코우스트 프라이스
원료	raw materials	뤄어 머티뤼어즈
원피스	dress	쥬뤠스
원하다	want	원
	would like('d like)	들라익
월말 세일	end-of-month sale	엔덥 먼쓰 쎄이어
위생용품	sanitary goods	쌔너레뤼 구우즈

271

모르는 말 찾기 (위에~전기제품)

위에	on ~	온
유리제품점	glassware shop	글래스웨어-샵
유제품	dairy products	데어뤼 프라덕츠
유행	fashion	패션
유행인(인기있는)	popular	파퓰러-
유효기간	expiration date	엑스퍼뤠이션 데잇
은(색의)	silver	씨어버-
의복(의류)	clothes	클로우즈
(~의) 옆의	next to ~	넥스터
의자	chair / stool / sofa	췌어- / 스투우어 / 소우풔
이것	this	디스
24금	twenty-four-karat gold	트웨니 풔어- 캐럿 고울
2중의	double	더버
인조 진주	artificial pearl	아-리퓌셔어 퍼어
인조의	artificial	아-리퓌셔어
일용품	daily necessaries	데일리 네써써뤼즈
입구	entrance	엔츄런스
입어보는 방	fitting room	퓌링 루움
입어보다	try on	츄라이온
자사 상표	private brand	프라이빗 브랜
자수정	amethyst	애머띠스트
자판기	vending machine	벤딩 머쉰
자수	embroidery	임브로이더뤼

단어만 말해도 뜻은 통한다!

자외선 방지크림	sunblock / sunscreen	썬블락 / 썬스크뤼인
작은	small / little (모양이)	스모어 / 리러
잔돈	small change	스모어 췌인쥐
잔돈으로 바꾸다	break	브뤠익
잠옷	night clothes	나잇 클로우즈
잡화	general merchandise	줴너뤄어 머-천다이즈
잡화점	general store	줴너뤄어 스토어
	general shop (영국)	줴너뤄어 샵
장갑	gloves	글러브즈
장난감	toy / plaything	토이 / 플레이띵
장식 단추	fancy button	팬씨 버른
장식품	ornament	오어-너먼
장식하다	display	디스플레이
장화	rain shoes	뤠인 슈우즈
재고	stock	스탁
재고처분세일	clearance sale	클리어런스 쎄이어
재다	measure	메줘-
재봉 도구	sewing set	쏘우잉 셋
재질	quality of material	콸러리 업 머티뤼어
저	that	댓
저기에	there	데어-
적당한	suitable	슈러버
전기제품	electrical appliance	일렉츄뤼커어 어플라이언스

모르는 말 찾기 (전문점~진열대)

전문점	specialty store	스페셔어티 스토어-
전부	altogether	어트게더-
전자사전	electronic dictionary	일렉츄러닉 딕셔눼리
전통적인	traditional	츄뤄디셔너어
절차	procedure / formalities	프뤄씨듀어- / 풔-맬러리즈
점내 안내판	directory	즈랙터뤼
점원	clerk	클러억
접는 우산	folding umbrella	풔울딩 엄브렐러
접는 의자	folding chair	풔울딩 췌어-
접다	fold	풔울드
접수	information desk	임풔-메이션 데스크
	reception desk	뤼셉션 데스크
접착제	glue / adhesive	글루우 / 앳히이씨브
젓가락	chopsticks	찹스틱스
정육점	meat shop	미잇 샵
제조자	maker	메이커-
제품	product	프로덕트
조개	shellfish	쉐어퓌쉬
조금	a little	얼리러
조끼	vest / waistcoat (영국)	베스트 / 웨이스트 코웃
조립하다	put together	풋 트게더-
좋아하다	like	라익
종류	kind	카인

단어만 말해도 뜻은 통한다!

종이 봉지	paper bag	페이퍼-백
주름이 지기 쉬운	wrinkly	링클리
주문하다	order	오어-러-
주세	state tax	스테잇 택스
줄무늬	stripes	스츄롸입스
줄무늬의	striped	스츄롸입트
줄이다	shorten / take in(허리)	쇼어-른 / 테이킨
	take up(소매)	테이컵
중간의	medium	미리엄
중량	weight	웨잇
지갑	wallet(남성용)	월릿
	purse(여성용)	퍼-스
	pouch / clutch bag	파우취 / 클러취 백
지불하다	pay	페이
지우개	eraser	이뤠이저-
지점	branch	브랜취
지출 비용	expense	익스펜스
지폐	paper money / bill	페이퍼-머니 / 비어
지하	underground	언더-그롸운
직물	textile	텍스타이어
진열	display	디스플레이
진열대	shadow box	쇄로우 박스
	display stand	디스플레이 스탠

모르는 말 찾기 (진주~특산품)

진주	pearl	퍼어
진한 갈색의	dark brown	다악 브롸운
진한 적색의	dark red	다악 뤠드
질	quality	콸러리
짧은	short	쇼엇
참신한	novel	나버어
창고	warehouse	웨어-하우스
찾다	look for	룩 풔-
채소가게	vegetable store	베쥐러버 스토어-
	greengrocer's	그뤼인그뤄우써-즈
철물점	hardware shop	하-드웨어-샵
청바지	jeans	쥐인즈
체크무늬	checked pattern	첵트 패러언
초상(화)	portrait	포어-츄륏
총액	figure	피규어-
최고급	top quality	탑콸러리
최고의	the best	더 베스트
추가요금	additional charge	어디셔너어 차-쥐
	surcharge	써-차-쥐
추천품	highly recommended goods	하일리 뤠커멘닛 구우즈
치수	measure (길이)	메줘-
	size (크기)	싸이즈
치약	toothpaste	투우쓰 페이스트

단어만 말해도 뜻은 통한다!

칫솔	toothbrush	투우쓰 브뤄쉬
카디건	cardigan	카-리건
카메라점	camera shop	캐머뤄 샵
카 악세사리	car accessories	카-액쎄써뤼즈
카키색의	khaki	캐키
캐럿	carat	캐럿
캐주얼한	casual	캐쥬어
커프스 단추	cuff links	커프 링스
코담배	snuff	스너프
크림	skin cream	스킨 크뤼임
큰	big / large	빅 / 라-쥐
큰 접시	platter	플래러-
타이(넥타이)	tie / tiepin(넥타이 핀)	타이 / 타이핀
	scarfpin(영국)	스카-핀
탄산수	carbonated water	카-버네이릿 워러-
탄생석	birthstone	버-쓰스토운
터무니없는	unreasonable	언뤼이저버
터키옥	turquoise	터-쿼이스
토파즈(황옥)	topaz	토우패즈
트렁크	trunk	츄렁크
특별 행사	special event	스페셔어 이벤
특산품	local product	로우커어 프롸덕
	specialty	스페셔어티

모르는 말 찾기 (특약점~화장실)

한국어	영어	발음
특약점	exclusive agency	익스클루씹 에이전씨
튼튼한	durable / sturdy	듀러버 / 스터-리
티셔츠	T-shirt	티이 셔엇
파란	blue	블루우
판매세	sales tax	쎄일즈 택스
팔(리)다	sell	쎄어
팔찌	bracelet	브뤠이슬릿
패드를 넣은	padded	패릿
평범한	quiet / subdued	콰이엇 / 썹듀우드
	plain	플레인
폐점세일	closeout sale	클로우자웃 쎄이어
펜던트	pendant	펜던트
펠트펜	felt-tip pen	페으팁 펜
포장	wrapping / package	랩핑 / 팩키쥐
포장지	wrapping paper	랩핑 페이퍼-
폴로셔츠	polo shirt	포울로우 셔엇
표백제	bleaching powder	블리이칭 파우러-
표시	indication	인디케이션
품질	quality	콸러리
피혁 제품	leather goods	레더- 구우즈
핑크색의	pink	핑크
하이힐	high-heeled shoes	하이히어드 슈우즈
하트형의	heart-shaped	하앗쉐입

단어만 말해도 뜻은 통한다!

한 벌	a set of ~ / gear	어쎄럽 / 기어-
1보루의~	a carton of ~	어카-르넙
할인	discount / reduction	디스카운 / 뤼덕션
항공우편	airmail	에어-메이어
핸드백	handbag	핸백
향	smell	스메어
향수	perfume	퍼-퓨움
허리	waist	웨이스트
헐렁한	loose	루우스
헤어 드라이어	hair drier	헤어- 쥬롸이어-
현금	cash	캐쉬
형태	form	풔-엄
호박	amber	앰버-
호치키스	stapler	스테이플러-
호화스런	luxurious	럭쥬어뤼어스
화려한	flashy / loud / gaudy	플래쉬 / 라웃 / 거어리
화운데이션	foundation	퐈운데이션
화장	makeup	메이컵
화장대	dressing table	쥬뤠씽 테이버
	dresser / vanity	쥬뤠써- / 배너리
화장비누	beauty soap	뷰우릿 소웁
화장실	toilet room	토일릿 루움
	washroom / rest room	워쉬루움 / 뤠스트 루움

모르는 말 찾기 (화장품~흰)

화장품	cosmetics	카즈메릭스
화학 섬유	synthetic fiber	씬쎄릭 파이버-
환율	exchange rate	익스췌인쥐 뤠잇
환불	refund	뤼펀
환전소	money changer	머니 췌인쥐-
회계	cashier	캐쉬어-
회색의	gray	그뤠이
회중 시계	pocket watch	파킷 와취
	fob watch	팝와취
회중전등	flashlight	플래쉴라잇
휴게소	lounge	라운쥐
흑빵	black bread	블랙 브렛
흑맥주	porter	포어-러-
흠	flaw	플뤄
흠이 있는	stained / faulty	스테인드 / 펄티
흠집	fault	풔어트
흰	white	와잇

단어만 말해도 뜻은 통한다!

경관	policeman	펄리이스먼
	police officer	펄리이스 아퓌써-
경솔한	rash / careless	래쉬 / 케어리스
경찰	police	펄리이스
고생하다	have difficulty	햅 디퓌컬티
	have trouble	햅 츄뤄버
고장	break-down	브뤠익 다운
고혈압	high blood pressure	하이 블럳 프뤠셔-
골절	fracture	프랙쳐-
과실	fault / error / mistake	풔엇 / 에뤄- / 미스테익
관절	joint	쥐인
괴로운	hard / have difficulty	하앗 / 햅 디퓌컬티
교통사고	traffic accident	츄래픽 액써던트
구급차	ambulance	앰뷸런스
구조	help / rescue	헤업 / 뤠스큐우
귀	ear	이어-
귀중품	valuables	밸류어버즈
극약	poison	포이즌
근육	muscle	머서
근처에	nearby	니어-바이
급히	suddenly	써른리
기관지염	bronchitis	브롼카이리스
기침	cough	커프

283

모르는 말 찾기 (길을 잃다~무릎)

한국어	영어	발음
길을 잃다	lose way	루우즈 웨이
깊게	deeply	디이플리
깔깔한	sandy	쌘디
끼다	pinch	핀취
나쁜	bad / wrong	뱃 / 랑
난폭하게 굴다	act violently	액트 바이얼른틀리
	riot(폭력)	라이엇
내과	the internal medicine department	디인터-너어 메러슨 디파앗먼
넘어지다	fall	풔어
넘치다	overflow	오우버-플로우
노이로제의	neurotic	누롸릭
놀리다	make fun of	메익 풔넙
놓고 가다	leave	리이브
뇌	brain	브뤠인
뇌진탕	concussion	컨커션
눈	eye	아이
다리	leg	렉
다치다	hurt	허엇
당뇨병	diabeties	다이어베릭스
데리고 가다	take to ~	테익터
도둑	robber	롸버-
도둑맞다	be stolen	비 스토울런
도망치다	run away	뤄너웨이

단어만 말해도 뜻은 통한다!

독감	flu	플루우
두근두근하는	throbbing	뜨롸빙
두드러기	hives / nettle rash	하이브즈 / 네러 래쉬
두통	headache	헤레익
등	back	백
따끔따끔한	feel irritated	퓌어 이뤼테이릿
떠들다	be noisy	비 노이지
마비되다	be numbed	비 넘드
	asleep(손발이)	어슬립
	be paralyzed	비 패럴라이즈드
막히다	be blocked	비 블락트
망쳐놓다	spoil	스포이어
맥박	pulse	퍼어스
맹장염	appendicitis	어페너싸이리스
머리	head	헷
먹다	take(약을)	테익
멀미	nausea	노어지어
멍	bruise	브루우즈
멍한	vague / ambiguous	베이그 / 앰비규어스
목	neck	넥
목구멍	throat	뜨뤄웃
무지근한	dull	더어
무릎	knee	니이

모르는 말 찾기 (문제~비상사태)

한국어	영어	발음
문제	problem	프롸블럼
묻다	ask / inquire	애스크 / 인콰이어-
미끄러지다	slip	슬립
미아	missing child	미씽 촤이어드
미열	slight fever	슬라잇 퓌이버-
반환하다	return	뤼터언
발	foot	프웃
발가락	toe	토우
발목	ankle	앵커
발작	stroke	스츄뤄욱
방해하다	disturb	디스터업
배	abdomen	앱더먼
배상(변상)	compensation	캄펀쎄이션
배상(변상)하다	compensate	캄펀쎄잇
벌레물림	insect bite	인쎅 바잇
범람하다	overflow	오우버-플로우
범죄	crime	크롸임
베다	cut	컷
벤 상처	cut / slash (깊이 벤)	컷 / 슬래쉬
변비	constipation	칸스터페이션
변비약	laxative	랙써립
병	disease	디지이즈
병든	sick	씩

단어만 말해도 뜻은 통한다!

병원	**hospital**	하스피러어
병을 앓다	**suffer (from)**	서풔- (프럼)
보다	**see / look at**	씨이 / 루캣
보상하다	**make up for**	메이컵 풔-
보증금	**guaranty**	개뤄니
보험	**insurance**	인슈어런스
복통	**stomachache**	스터머케익
부딪치다	**knock against**(머리 등을)	나커게인스트
	run into	뤄닌터
부르다	**call**	커어
부상	**injury / wound**	인쥬어뤼 / 운드
부작용	**side effect**	싸잇 이펙스
부주의한	**careless**	케얼리스
~분 마다	**every ~ minutes**	에브뤼 미니츠
분만	**delivery**	딜리버뤼
분실물보관소	**lost-and-found**	러스턴 퐈운
분실하다	**lose**	루우즈
불리한	**disadvantageous**	디섯밴티줘스
불법의	**unlawful**	언러풔
불필요한	**unnecessary**	어네써쎄뤼
붕대	**bandage**	배니쥐
비상구	**emergency exit**	이머-전씨 엑짓
비상사태	**emergency**	이머-전씨

모르는 말 찾기 (비타민제~수술)

한국어	영어	발음
비타민제	**vitamins**	바이러민즈
빈번히	**constant**	칸스턴트
빈혈	**anemia**	어니이미어
빠지다	**be drowned / be stuck**	비 쥬라운드 / 비 스턱
뺨	**cheek**	취익
뼈	**bone**	보운
뽀루지	**rash**	래쉬
삐다	**twist / sprain**	트위스트 / 스프뤠인
사건	**case**	케이스
사고	**accident**	액써런
사과	**excuse**	익스큐우스
사과하다	**apologize**	어팔러좌이즈
사기	**swindling**	스위널링
	fraud / cheat	프뤄드 / 취잇
사기치다	**deceive / cheat**	디씨이브 / 취잇
사망	**death**	데쓰
사망하다	**die / be killed**	다이 / 비 키어드
상비약	**household medicine**	하우스호울 메러슨
상처	**injury / wound**	인쥬어뤼 / 운드
	flaw / defect / crack	플뤄 / 디펙트 / 크랙
생리	**period**	피뤼엇
서두르다	**hurry**	허뤼
서류	**document**	다큐먼

단어만 말해도 뜻은 통한다!

서식	form	풔엄
설사	diarrhea	다이어뤼어
성내다	get angry	겟 앵그뤼
소리치다	shout / cry	샤웃 / 크롸이
소매치기	pickpocket	픽파킷
소방차	fire engine	파이어-엔쥔
소화기	fire extinguisher	파이어- 익스팅기셔-
소화불량	indigestion	인다이줴스쳔
소화제	disinfectant	디신펙턴
속도위반	speeding	스피이딩
손	hand	핸
손가락	finger	휭거-
손목	wrist	뤼스트
손톱	nail	네이어
손해	harm / damage	하암 / 대미쥐
손해배상청구서	claim form	클레임 풔엄
쇠약	failure	페일러-
수리하다	mend(간단한 것)	멘
	repair(복잡한 것)	뤼페어-
	fix(모든 물건)	픽스
수상한	suspicious	써스피셔스
수색(하다)	search	써-취
수술	operation	아퍼-뤠이션

모르는 말 찾기 (수혈~염려하다)

한국어	영어	발음
수혈	transfusion	츄랜스퓨우전
슬픔	sorrow / grief	싸뤄우 / 그뤼프
습격하다	attack	어택
~시간 마다	every ~ hours	에브뤼 아우어-즈
시끄러운	noisy	노이지
시판약	over-the counter drug	오우버-더 카우너- 쥬럭
식욕	appetite	애퍼라잇
식전에	before meals	비풔어- 미어즈
식중독	food poisoning	푸웃 포이즈닝
식후에	after meals	애프터- 미어즈
신경	nerve	너-브
신경안정제	tranquilizer	츄랭퀄라이저-
신장	kidney	킷니이
심신의	mental and physical	메너얼 앤 퓌지커어
심장	heart	하앗
심한(하게)	seriously / severe	씨뤼어슬리 / 써비어
	heavily / violent	헤빌리 / 바이얼런트
싸우다	quarrel(말다툼) / fight	쿼뤄어 / 퐈잇
싸움	quarry(말다툼) / trouble	쿼어뤼 / 츄뤄버
쓰러지다	fall	풔어
아스피린	aspirin	애스퍼륀
아프다	have a pain(사람이)	해버 페인
	ache(환부가)	에익

단어만 말해도 뜻은 통한다!

한국어	영어	발음
악화되다	become worse	비컴 워-스
안과	ophthalmology department	앞때어말러쥐 디파앗먼
안과 의사	eye doctor	아이 닥터-
안전한	safe	쎄이프
알레르기	allergies	앨러-쥐
알약	tablet	태블릿
압박붕대	compress	캄프레스
약	medicine	메러슨
약국	pharmacy / drugstore	파-머씨 / 쥬럭스토어-
어깨	shoulder	쇼울더-
어지러움	dizziness	띠지니스
얼굴	face	훼이스
엄지	thumb	떰
없어지다	be lost	빌러스트
엉덩이	buttocks	버럭스
(~에)책임이 있는	be responsible for	비 뤼스판써버 풔-
연고	ointment	오인먼
연관되다	involve	인바어브
연락하다	call	커어
연락처	contact address	칸택 애쥬뤠스
열	fever	퓌버-
염려하다	be anxious about	비 앵셔스 어바웃
	be concerned about	비 컨써언드 어바웃

모르는 말 찾기 (염증~전신의)

염증	inflammation	인플러메이션
엿보다	peep	피입
오른쪽	right	롸잇
오줌	urine	유륀
오한	chill	취어
오해	misunderstanding	미쎈더-스탠딩
오해하다	misunderstand	미쎈더-스탠
온도	degree	디그뤼이
완화시키다	ease	이이즈
외과	the surgery department	더써-줘뤼 디파앗먼
왼쪽	left	레프트
원한	malice	맬리스
위	stomach	스터머크
위독한	serious / dangerous	씨뤼어스 / 데인줘뤄스
위통	stomachache	스터머케익
위협하다	threaten	뜨뤠른
응급	emergency / crisis	이머-전씨 / 크라이시스
응급병원	emergency hospital	이머-전씨 하스피러어
응급의료사	paramedic	패뤄메릭
응급처치	first-aid (treatment)	풔-스테잇 (츄리잇먼)
의료보험	medical insurance	메리커어 인슈어런스
의사	(medical) doctor	(메리커어) 닥터-
의식	consciousness	칸셔스니스

단어만 말해도 뜻은 통한다!

의심하다	doubt / suspect	다웃 / 써스펙
의치	false tooth	풔어스 투우쓰
이	tooth	투우쓰
이마	forehead	풔-헷
2, 3일	a few days	어퓨데이스
이상하다	be out of order(기계 등이)	비 아우럽 오어-러-
	be indisposed(사람이)	비 이니스포우즈드
인질	hostage	하스티쥐
인후염	sore throat	쏘어-뜨뤄웃
잃다	lose	루우즈
입	mouth	마우쓰
입술	lip	립
입원	hospitalization	하스퍼럴리제이션
입원하다	enter the hospital	에너- 더 하스피러어
잇몸	gum	검
자각 증상	subjective symptom	썹젝팁 씸텀
장	intestines	인테스틴즈
장애	obstacle / difficulty	압스터커 / 디퓌컬티
재발행하다	reissue	뤼이슈
재채기	sneezing	스니이징
재해	disaster	디재스터-
전문의	specialist	스페셜리스트
전신의	all over the body	얼러버- 더 바리

모르는 말 찾기 (전염되다~청구하다)

전염되다	**be contagious**(직접)	비 컨테이줘스
	be infectious	비 인펙셔스
	be infected(사람이 주어)	비 인펙팃
절도(범)	**theft / thief**	떼프트 / 띠입
정식의	**formal**	풔-머어
정정하다	**correct**	커렉트
조금	**a little**	얼리러
조난하다	**meet with a disaster**	미잇 위더 디재스터-
	be wrecked	비 렉트
종기	**boil**	보이어
종합 검진	**general check**	줴너뤄어 쳌
주사	**injection / shot**	인젝션 / 샷
주치의	**the doctor in charge**	더 닥터- 인 촤-쥐
중병인	**be seriously ill**	비 씨뤼어슬리 이어
중상	**serious injury**	씨뤼어스 인쥬어뤼
즉시	**immediately**	이미리엇리
	right away	롸이러웨이
증상	**symptom**	씸텀
지갑	**purse**(동전) / **wallet**(지폐)	퍼-스 / 월릿
지독한	**sharp / bad**	샤압 / 뱃
지병	**special illness**	스페셔어 이어니스
	old complaint	오울 컴플레인
	chronic disease	크롸닉 디지이즈

294

단어만 말해도 뜻은 통한다!

지진	earthquake	어-쓰퀘익
진단서	medical certificate	메리커어 써-티퓌컷
진료소	clinic	클리닉
진료예약	appointment	어포인먼
진찰	medical examination	메리커어 익재미네이션
진찰을 받다	see a doctor	씨이어 닥터-
진통	labor / contraction	레이버- / 컨츄랙션
진통제	pain killer	페인 킬러-
찌르다	stab(칼로) / bite(벌레 등에)	스탭 / 바잇
	prick(바늘 등에)	프뤽
찌르듯이	gripping	그뤼핑
찢다	tear	테어-
찢듯이	sharp / splitting	사압 / 스플리링
차게 하다	cool	쿠어
차로 가버리다	drive away	쥬라이버웨이
찰과상	scratch	스크래취
참다	bear / stand	베어- / 스탠
찾다	find	퐈인
책임을 지우다	blame	블레임
처방전	prescription	프뤼스크립션
처치	measures	메줘-스
천식	asthma	애즈머
청구하다	claim	클레임

모르는 말 찾기 (체온~한국영사관)

체온	temperature	템퍼뤄춰-
체온계	thermometer	떠-마미이러-
체포(하다)	arrest / catch	어뤠스트 / 캐취
체포 영장	warrant of arrest	워러넡 어뤠스트
추돌	rear-end collision	뤼어렌 컬리젼
취소하다	cancel	캔써어
출혈	bleeding	블리이링
충돌(사고)	collision	컬리젼
충치	cavity	캐버리
치과	the dentistry department	더데니스츄뤼 디파앗먼
치과의사	dentist	데니스트
치료	treatment	츄뤼잇먼
치료하다	treat / cure / heal(상처를)	츄뤼잇 / 큐어- / 히어
치통	toothache	투우쎄익
캡슐약	capsule	캡써어
코	nose	노우즈
코감기	head cold	헷코울
쿡쿡 쑤시다	smart	스마앗
탈선하다	derail	디뤠이어
탈지면	absorbent cotton	업써-번 카른
토하다	vomit(음식물) / spit(침)	바밋 / 스핏
	throw up	뜨뤄우 업
통증	pain	페인

단어만 말해도 뜻은 통한다!

틈에 끼이다	be caught in	비 커린
파열하다	explode / burst	익스플로웃 / 버-스트
팔	arm	아암
팔꿈치	elbow	엘보우
팔뚝	forearm	풔뤄암
페니실린	penicillin	페너씰린
편도선염	swollen tonsils	스워울런 탄써어즈
평소에	usually	유절리
폐	lung	렁
폐렴	pneumonia	누모우너
폭동	riot	롸이엇
폭력	violence	바이얼런스
폭발	explosion	익스플로우전
폭발하다	explode	익스플로드
피	blood	블럿
피로	fatigue	풔티그
피부	skin	스킨
피부과	the dermatology department	더 더-머탈러쥐 디파앗먼
피해자	victim	빅팀
하루에	a day	어 데이
한가운데	in the middle	이너 미러
한국대사관	the Korean Embassy	더 커뤼언 엠버씨
한국영사관	the Korean Consulate	더 커뤼언 칸슬럿

모르는 말 찾기 (항생물질~효과가 있다)

항생 물질	antibiotic	애니바이아릭
항의하다	protest	프로테스트
해결	solution	썰루션
해결하다	solve / settle	싸어브 / 쎄러
해열제	antipyretic	애니파이뤄릭
행방불명	missing	미씽
허락하다	permit	퍼-밋
혀	tongue	텅
현기증	dizziness	디지니스
혈압	blood pressure	블럿 프뤠셔-
혈액	blood	블럿
혈액형	blood type	블럿 타입
협박하다	threaten / menace	뜨뤠른 / 메너스
형벌	punishment	퍼니쉬먼
호흡	breathing	브뤼이딩
홍수	flood	플럿
화상	burn(불에) / scald(물에)	버언 / 스코어드
화재	fire	퐈이어-
환약	pill	피어
환자	patient	페이션
회복	recovery	뤼커버뤼
회복하다	recover	뤼커버-
효과가 있다	be good / be effective	비 긋 / 비 이팩티브

꼭! 필요한 여행 영어

2016년 3월 14일 1판 4쇄 인쇄
2016년 3월 21일 1판 4쇄 발행

지은이 | 편집부
펴낸이 | 김남일
펴낸곳 | **TOMATO**
등록번호 | 제 6-0622호
주소 | 서울 동대문구 답십리로38길 56 월드시티빌딩 501호
전화 | 0502-600-4925
팩스 | 0502-600-4924

ISBN 978-89-91068-62-9
파본은 교환해 드립니다(정가는 표지에 있습니다).
토마토출판사 홈페이지(www.tomatobooks.co.kr)